Dr. Mitsuo Shirahama

Die Chi-Energie im Sinne von C.G. Jung

Heilung durch eigene Lebenskraft

Dieses Buch ist Carl Gustav Jung gewidmet

Dr. Mitsuo Shirahama

Die Chi-Energie im Sinne von C.G. Jung

*Heilung durch
eigene Lebenskraft*

Die Abbildungen der Original-Mandalas
auf dem Umschlag und im Buch
verdanke ich Johannes Frischknecht, Zürich

CIP - Titelaufnahme Schweiz. Landesbibliothek, Bern
Dr. Mitsuo Shirahama
Die Chi-Energie im Sinne von C.G. Jung
Heilung durch eigene Lebenskraft
1. Aufl., 3 Tsd. - Verlag SHIRA, Küsnacht/ZH, 1992
ISBN 3-9520256-0-7
Copyright © 1992 by Verlag SHIRA, Küsnacht/Schweiz

Alle Rechte vorbehalten
Gesamtherstellung: Druckerei Konstanz GmbH

Die Goldblume ist das Licht, und das Licht des Himmels ist das Tao. Die Goldblume ist das Mandalasymbol...

C.G. Jung

Mandala heisst Kreis, speziell magischer Kreis. Die Mandalas sind nicht nur über den ganzen Osten verbreitet, sondern sie sind bei uns auch aus dem Mittelalter reichlich bezeugt.

C.G. Jung

DANKSAGUNGEN

Ich möchte Frau Dr. Marie-Louise von Franz, die ich schon seit 15 Jahren kenne, meinen wärmsten Dank aussprechen. Wir hatten immer einen engen und interessanten Kontakt.

Ihre wertvollen Ansichten und ihre Unterstützung halfen mir sehr. Sie hat mich auch ermuntert, meine Beobachtungen über die Lebensenergie niederzuschreiben. Ich bin ihr ausserordentlich dankbar.

Meinem Freund, Dr. med. Dieter Baumann, danke ich herzlichst für seine immerwährende Unterstützung während des Konzipierens dieses Buches. Seine Hinweise waren für mich wichtig und wertvoll. Er ist einer der Enkel von C.G. Jung.

Dem verstorbenen Dr. Peter Walder möchte ich hier einen speziellen Gedanken widmen. Er war mein Analytiker, als ich mit meinen Studien in Zürich begann. Schon vor 18 Jahren machte er mich auf die Wichtigkeit der tibetischen Medizin aufmerksam. Er sah in bewundernswerter Weise alle Aspekte dieses Buches voraus, die sich bewahrheitet haben.

Hier möchte ich auch Frau Mireille Gmür Weber, Frau Sabina Manassi und Frau Suzanne Naville sehr herzlich danken. Sie alle haben im Laufe der Jahre interessantes Material für mich gesammelt.

Frau Renée Demierre und Herr Dr. Pierre Maurer waren mir auch sehr behilflich im Aufbau und der Verwirklichung dieses Buches. Auch haben sie den Text ins Französische übersetzt. Beiden möchte ich meinen ganz speziellen Dank aussprechen.

Schliesslich danke ich meiner Frau Georgette herzlichst. Ihre Mitarbeit war für mich sehr wertvoll. Sie hat den ganzen Text im Computer gespeichert und das Buch vom englischen Manuskript ins Deutsche übersetzt.

Während der Niederschrift dieses Buches wurde ich stets von sichtbaren und unsichtbaren guten Geistern ermuntert und unterstützt. Sie halfen mir, meine Ideen zu kristallisieren und zu verwirklichen.

INHALTSVERZEICHNIS

Einführung 13

I. Teil – Theorie

1. Kapitel – Das Konzept der Chi-Energie   27
   1. Allgemeine Beschreibung der Chi-Energie . .   27
   2. Das Konzept der Chi-Energie im Sinne von
      C.G. Jung 28
   3. Die Chi-Energie und das Blut 32
   4. Der Hintergrund des Chi in alten
      Zivilisationen 34

2. Kapitel – Der Pfad der Götter im menschlichen
   Körper 37
   1. Allgemeine Gedanken 37
   2. Der Pfad des Energiestromes 42

3. Kapitel – Die göttliche Gegenwart in der
   menschlichen Natur 47
   1. Genereller Überblick 47

2. Religion und Wissenschaft 48
3. Das kollektive Unbewusste und die Natur . . . 53
4. Unsere heutige Begegnung mit der
   Chi-Kraft 57
5. Wie Rauchen, Alkohol und Drogen unser
   Chi-System beeinflussen 61
6. Die Jungsche Psychologie und der Autonome
   Komplex 67
7. Körper und Seele am Anfang des Christen-
   tums 68
8. Das Wassermannzeitalter (New Age) und die
   universellen Religionen 70
9. Böse Geister 72

II. Teil – Der Heilungsprozess

1. Kapitel – Träume 77

   1. Erster wichtiger Traum 77
   2. Zweiter Traum 91

2. Kapitel – Paramedizin 93

   1. Aspekte der Paramedizin 93
   2. Die Behandlung im paramedizinischen
      Sinne 100
   3. Psyche und Materie im paramedizinischen
      Feld 104
   4. Ansichten der westlichen und östlichen
      Medizin 106

    5. Das Heilen durch Schamanen und Medizin-
       männer 108
    6. C.G. Jung und die Medizin des Selbst 110

3. Kapitel – Ist das Selbst der wirkliche Heiler? . . . 115
    1. Was ist das Selbst? 115
    2. Der bewusste, vom Selbst umgebene
       Mensch 120
    3. Geistige und partnerschaftliche Liebe 121
    4. Was bedeutet das der Welt eingeprägte Bild
       Gottes? Was verstehen wir unter einer
       Mandalakreisbewegung? 123

4. Kapitel – Der Heilungsprozess und die Indivi-
    duation 137
    1. Wie funktioniert der Heilungs- und Indivi-
       duationsprozess? 137
    2. Das Problem des »Puer aeternus« im Heilungs-
       prozess 140
    3. Der Aspekt der Grossen Mutter in der Gesell-
       schaft 142

III. Teil – Die Bioenergie

1. Kapitel – Die Bioenergietherapie 147
    1. Allgemeiner Überblick 147
    2. Die enge Verbindung zwischen der Wirbelsäule
       und dem Plexus solaris 149

3. Die ewige Jugend und Lebenskraft. 152
4. Gedanken über die heutige Gynäkologie. . . . 153
5. Die Auswirkungen der Bioenergietherapie . . 155
6. Die Bioenergietherapie und die Ausstrahlung der Hände 157
7. Das Geheimnis hinter dem Wort »Behandlung«. 159

2. Kapitel – Bioenergietherapie und Krankengeschichten 163
1. Genereller Aspekt 163
2. Fallbeispiele aus meiner Praxis 165

Schlusswort. 185

Bibliographie 201

EINFÜHRUNG

Im Jahre 1978 schrieb ich am C.G. Jung Institut meine Abschlussarbeit mit dem Titel »C.G. Jung und die Bioenergie« (Chi-Energie).

Damals wollte sich das grosse Publikum noch nicht mit diesem Thema auseinandersetzen. So wartete ich 13 Jahre, um meine Beobachtungen und Entdeckungen niederzuschreiben und zu veröffentlichen.

Schon C.G. Jung hat darüber geschrieben, und zwar in »Studien über alchemistische Vorstellungen«, »Psychologie und Alchemie« und »Mysterium Coniunctionis«.[1]

Heute spricht ein jeder von der Lebensenergie, sie ist fast zum Modewort geworden. Das tägliche Leben lehrt uns, die innere Kraft zu sammeln. Wir müssen sorgfältig damit umgehen.

Viele Kurse, Workshops, Ferien- oder Wochenendseminare stehen dem Publikum offen. Man kann unter einer Fülle von Themen wählen, z.B.: Yoga, Meditation, autogenes Training, Tai-Chi, Reiki, Shiatsu etc.

Leider war dieses Thema damals noch gar nicht aktuell. Ich musste sehr hart kämpfen, um von den andern verstanden und akzeptiert zu werden. Die Geduld und die Zeit standen mir bei. Das Warten hat sich gelohnt!

Glücklicherweise wurden in dieser Zeit sehr viele Bücher über dieses Thema veröffentlicht. Die Leute wurden neugierig und wissbegierig. Auch Filme, Fernsehen, Zeitungsartikel trugen dazu bei, Verständnis für neue Horizonte zu bekunden.

Oft wurde der Sensationsweg gewählt, um die breite Masse ins Staunen zu bringen. All dies half mit, neue Türen zu öffnen. Worte wie Lebensenergie, Vibrationen, Chakren sind nun in unserem täglichen Wortgebrauch integriert.

Wir können uns glücklich schätzen, dass weltweit Universitäten Lehrstühle für Alternativmedizin gründeten. Die Menschheit kehrt zu der Natur und den Heilmethoden ihrer Vorfahren zurück.

Sowohl die Schulmedizin als auch die Wissenschaft verschreiben bei Krankheiten strenge Therapien. Das Leitmotiv »Keine Heilung ohne Medizin oder Heilung nur mit Chirurgie« ist uns allen bekannt. Glücklicherweise beschreiten wir nun einen anderen Weg, welcher uns bessere Heilungsmöglichkeiten eröffnet.

Die alten Zivilisationen in Ägypten, China, Tibet, Mexiko, Peru und Polynesien, um hier nur einige zu nennen, kannten alle die kosmischen Gesetze. Sie folgten instinktiv diesem Weg. Demzufolge finden wir in all diesen Völkern den Begriff der Lebensenergie.

Sie behandelten KÖRPER UND SEELE DES GANZEN MENSCHEN. Der menschliche Körper wurde als Einheit angesehen und nicht wie heutzutage »dissektiert«.

Medikamente blockieren unseren natürlichen Lebensenergiefluss. Sie dämpfen lediglich die Symptome, beheben aber die Ursache der Krankheit nicht.

Die eingenommene Pharmakotherapie schwächt unser Immunsystem. Nach einer medikamentösen Behandlung ist unsere natürliche innere Heilkraft nicht mehr aktiv.

Leider vergiften wir unseren Körper und unsere Psyche auch immer mehr durch die verschmutzte Luft, das schlechte Trinkwasser, die chemisch behandelten Lebensmittel.

Jeden Tag erhöhen sich die Ziffern der an Krebs, Aids, chronischem Ermüdungssyndrom Erkrankten. »Chronic Fatigue Syndrome«, CFS genannt, verursacht Müdigkeit, Kopfweh, Fieber, Halsweh und Muskelschmerzen.

Die USA sind hauptsächlich von diesen Krankheiten betroffen. Meiner Meinung nach essen die Amerikaner zu viele Konserven und mit Hormonen injiziertes Fleisch. Der Pillenkonsum ist enorm.

Aus diesem Grunde starteten amerikanische Wissenschaftler kürzlich ein vollständig neues Gesundheitsprogramm. Es wird Psycho-Neuro-Immunologie (PNI) genannt.

Diese neue Forschung eröffnete neue Möglichkeiten und beantwortete gleichzeitig die Frage: Was ist Krankheit?

Dr. David Felten von der Universität Rochester in den USA vertritt die These, dass Körper und Seele nicht dualistisch sind, sondern eine Einheit bilden.

Gefühle, Neigungen, der psychische Zustand stehen unmittelbar in Verbindung mit unserem körperlichen Wohlbefinden. Endlich und glücklicherweise sind nun Ärzte, Biochemiker und Immunologen an diesem neuen Konzept interessiert.

Nach der Forschung von Dr. Felten ist der Heilungsprozess direkt mit dem Zustand der Psyche verbunden. Der Patient hängt in grossem Masse vom Mitgefühl und Verständnis der Ärzte ab. Gute zwischenmenschliche Beziehungen sind viel wirkungsvoller als Medikamente.[2]

In einem späteren Abschnitt dieses Buches gehe ich noch speziell darauf ein.

Meine Forschungsarbeit beruht besonders auf dem bedeutenden Werk von C.G. Jung: »Mysterium Coniunctionis«. Für Jungs Weitblick hege ich die grösste Bewunderung. Seine Umgebung war sehr rationalistisch eingestellt. Schon aus diesem Grunde gebührt diesem Buch enorme Aufmerksamkeit.

In meiner Arbeit von 1978, »C.G. Jung und die Bioenergie«, erklärte ich, wie die Lebenskraft, die Chi-Kraft, arbeitet. Jung schreibt in »Studien über alchemistische Vorstellungen«, dass das Chi die Quintessenz sei.

Er hat immer wieder betont, dass die Ratio (der Verstand) mit dem Gefühl verbunden sein soll. In diesem Zusammenhang können wir seine Bücher verstehen.

Sein Glaube war kosmisch und universell. Er war an keine festen Regeln und Konzepte oder Institutionen gebunden. Wenn wir uns auf Körper und Seele konzentrieren, wird das Weltgottesbild allgegenwärtig. Dies ist einfach, denn es versinnbildlicht die Einheit von Mikro- und Makrokosmos.

Jungs Anschauung der universellen Medizin war von Paracelsus und Gerhard Dorn geprägt. In der Tiefenpsychologie wird von der Selbstverwirklichung gesprochen, welche die Aktivierung unserer Heilkräfte ermöglicht. Wenn diese innere Quelle erforscht und gefunden ist, dann schwingen Körper und Seele im Einklang mit dem Kosmos. Jung betont, dass das Selbst die gleiche Bedeutung hat wie das Symbol von Christus, Tao oder Atman.

Die Erforschung der Lebenskraft im Sinne von C.G. Jung eröffnet der Menschheit neue Perspektiven und

Möglichkeiten, was den Heilungsprozess durch den unsichtbaren, astralen Körper anbetrifft.

Frau Dr. Marie-Louise von Franz, die langjährige Mitarbeiterin von Jung, hat mich immer aktiv unterstützt und ermuntert, meine Ideen zu kristallisieren.

Unter den zahlreichen Werken, die sie schrieb, finden wir »Zahl und Zeit«.[3] Für mich war diese Lektüre von grösster Wichtigkeit, denn darin wird die tiefe Bedeutung des Konzepts von Körper und Seele erklärt.

Schon seit geraumer Zeit befasste ich mich mit dem Gedanken, ein Buch über die Lebensenergie zu veröffentlichen. Aber der richtige Zeitpunkt war noch nicht gekommen. Diese Synchronizität, wie die Jungianer es nennen, muss berücksichtigt werden. Denn nur wenn die Zeit reif ist, entwickeln sich die Dinge in der richtigen Reihenfolge. Denken wir an die Verkehrsampeln. Die »grüne Welle« lässt uns in der gleichen Geschwindigkeit vorwärtskommen.

In diesem Jahrhundert haben sich Medizin und Wissenschaft sehr stark entwickelt. Die hochstehende Technologie hat aber unsere geistige, innere Seite des Unbewussten vernachlässigt. Die Menschheit scheint nur auf das materielle Gedeihen fixiert zu sein und hört nicht mehr auf ihre Gefühlswelt. Wir sollten unser Haupt zu Gott beugen und versuchen, bescheidener zu werden.

Leider hat sich die analytische Psychologie nach Jungs Tod zum Teil im gleichen rationalistischen Muster entwickelt. Die Zeit ist gekommen, um zum wahren menschlichen Kern zurückzukehren. Das 21. Jahrhundert symbolisiert den befreiten Wassermann. Er handelt nach eigenem Ermessen und Willen und ebnet uns den Weg zum vielumsungenen Zeitalter der Goldenen Blüte.

Dieses Buch wurde aus zwei Hauptgründen geschrieben. In meiner Praxis finden sich jeden Tag viele geistig und körperlich kranke Menschen ein. Jeder hat einen anderen Leidensweg: Krebs, Herzinfarkt, Kopfweh, Rheumatismus oder undefinierbare Schmerzen. Da die Therapie der Ärzte in vielen Fällen versagt, werden Chemie, Spritzen und Physiotherapien zur Symptombehandlung verabreicht, die nichts oder nur im Moment nützen. Oft sollten sich die Patienten für eine scheinbar lebensnotwendige Operation entschliessen.

Die Krankheit unseres Jahrhunderts ist die Schlaflosigkeit. Millionen von Schlafpillen werden jede Nacht geschluckt. Sehnsüchtig warten die Leute, endlich in die Arme des Gottes Hypnos zu fallen! Leider hilft da kein Mittel. Denn nur das SYMPTOM wird behandelt und nicht die URSACHE.

Die Lebensenergie wird durch die Einnahme von chemischer Arznei blockiert, die Körper und Seele schadet. Ferner wird sowohl der Traumablauf wie das Traummuster gestört, was psychischen Schaden verursacht. Morgens ist das Erwachen schwer. Die Glieder sind wie Blei, die Laune depressiv, Müdigkeit schleicht sich ein, und die Arbeitsmoral ist auf Ebbe. Nun wird wiederum zur Pillendose gegriffen, um im Wachstadium zu bleiben. Dadurch werden das Immunsystem und die Lebensenergie geschwächt.

Ein weiterer Punkt, der mich veranlasste, dieses Buch zu schreiben, beruht auf einer religiösen Motivation. Jungs Gotteskonzept steht demjenigen der Kirche diametral gegenüber, denn es ist von der Gemeinschaft von Körper und Seele geprägt.

In »Mysterium Coniunctionis« schreibt Jung oft von »einer gewissen himmlischen Substanz, die im menschlichen Körper verborgen liegt«, die »im Menschen eingeprägte Imago Dei«.

Aus diesen Gründen möchte ich Jungs Gedanken der universellen Religion weiterverfolgen. Dies hat weder mit Dogmatismus noch mit anderen Religionsformen zu tun. Mit diesem göttlichen Konzept fühlt man sich befreiter und näher am Universum beteiligt.

Heutzutage wird leider die Masse von falschen Propheten manipuliert, die alle Facetten der Eroberung beherrschen. Sekten und Gurus finden durch falsche Versprechungen neue Adepten. Alle suchen schliesslich dasselbe, sei es mittels Religion oder Drogen - das wahre Selbst, den Frieden, die Vereinigung mit der Natur, dem Höchsten, die Ruhe. Aber mit Surrogaten kann dies nicht erreicht werden.

Jung umschreibt in seinen Büchern auch das Wort Energie, das eine Form von Bio-, Lebens- und Vitalkraft darstellt. Diese Kraft wird im Chinesischen »Chi« und im Japanischen »Ki« genannt. Schon 1000 Jahre v. Chr. wurde diese Terminologie in Chinas Medizinbüchern vermerkt.[4]

Das Körperbewusstsein wurde in der Jungschen Psychologie immer vernachlässigt, obwohl Jung von der Körper- und Seelenverbindung sprach. Hier sollte Frau Dr. von Franz zitiert werden:

»Während dieser Periode seiner Entdeckungen liess Jung die Frage der Relation dieser Archetypen zu den Körpervorgängen offen und ging zunächst von der Voraussetzung aus, die Psyche als ein für sich Seiendes, dessen Wesen wir aber nicht kennen, phänomenologisch zu studieren. Die Tatsache, dass es aber psychogene Erkrankungen und psychogene Heilungen physischer Krankheitserscheinungen gibt, liess von Anfang an einen Zusammenhang mit den Körpervorgängen vermuten, über den wir aber heute eben genau soviel oder wenig wissen wie die gesamte psychosomatische Medizin, d.h. wir wissen, dass ein Zusammenhang besteht, aber wir können die Details und Gesetzmässigkeiten desselben noch nicht exakter kausal beschreiben. Dass dieser psychophysische Aspekt des Unbewussten im Rahmen einer naturwissenschaftlichen Psychologie entdeckt werden würde, war eigentlich beinahe zu erwarten.«[5]

Schon immer war es mein Bestreben zu zeigen, dass jede Krankheit ihren Ursprung in der Psyche hat. Es ist eine Tatsache, dass der Stress, wie auch Angst, Sorgen, Konflikte und ungelöste Probleme (Anima, Animus, Schatten), den Lebensenergiefluss blockieren. All diese Faktoren verursachen ein Ungleichgewicht in der Körperenergie und schaden den inneren Organen.

Die seelisch-körperliche Harmonie und eine ausgewogene Vitalkraft können durch gesundes Essen, Bewegung, Alkohol- und Nikotinverzicht erzielt werden. Es gibt heute so viele Möglichkeiten, den Körper in Form zu halten, dass die Auswahl schwerfällt. Wählen wir Yoga, Meditation, Chi Gong, Tai Chi, die aktive Imagination im Sinne von Jung.

Im allgemeinen haben Patienten mit grossem Alkohol- und Zigarettenkonsum eine extrem verkrampfte Muskulatur. Durch die schlechte Blutzirkulation ist die Lebensenergie geschwächt.

In einem solchen Falle nützt die Psychoanalyse nur, wenn sie mit einer guten Energietherapie verbunden werden kann.

Eine durch Unfälle oder ungesunde Arbeitsbedingungen (Computer) gekrümmte Wirbelsäule kann eine Stokkung des Lebensenergiezuflusses auslösen. Dadurch können Schlaflosigkeit, Zittern, Unempfindlichkeit der Beine, Zehen, Finger sowie Rücken- und Kopfschmerzen entstehen.

Da die Lebensernergie durch unsere Wirbelsäule fliesst, bestrahlt sie Leber, Nieren, Herz, Magen, Gallenblase, Blase, Sonnengeflecht sowie alle im Umkreis liegenden Organe.

Um eine harmonische Chi-Kraft zu gewährleisten, sollte der Arbeitsplatz über gutes Licht verfügen, der Stuhl die richtige Höhe haben, die Arbeit am Computer den Normen entsprechen. Schlechte Arbeitsbedingungen beeinträchtigen in grossem Masse Augen, Kopf, Hände und Beine. Es entstehen stechende Rückenschmerzen und Schwindelgefühl. Eine ärztliche Kontrolle wird keine organischen Funktionsstörungen feststellen können. Auch die Laboranalysen sind in Ordnung.

Die immerwährenden starken Schmerzen lösen beim Patienten tiefe Depressionen aus, die sogar zum Selbstmord führen können.

Dies stellt eine Kristallisierung meiner Ideen dar, die ich schon seit Jahren zu Papier bringen wollte. Nun möchte ich hier erklären, wie Krankheiten dem psychophysischen Bereich entspringen können.

Es war mir ein Bedürfnis, neue Perspektiven zum körperlichen Aspekt der analytischen Psychologie zu eröffnen. Dies wird das Bild der Tiefenpsychologie vervollständigen. So können wir eine falsche Auslegung von Psyche und Soma vermeiden.

Dieses Buch weist drei Teile auf. Der erste ist theoretisch und bezieht sich auf die Chi-kraft. Der zweite beschreibt hauptsächlich den Heilungs- und Individuationsprozess. Im dritten Teil wird die Bioenergietherapie beschrieben und einige Krankengeschichten erwähnt. Möge dieses Buch dem Leser die tiefe Bedeutung zwischen Körper und Seele näherbringen.

I. Teil
Theorie

1

DAS KONZEPT DER CHI-ENERGIE

1. Allgemeine Beschreibung der Chi-Energie

Üblicherweise begrüssen sich die Japaner mit »Ikaga des ka«, was in unserem Sinne mit »Wie geht es Ihnen?« zu übersetzen ist. Aber der Japaner hat noch eine viel treffendere Begrüssungsform, nämlich: »O genki des ka.« Was interessanterweise bedeutet: »Wie steht es mit Ihrer Lebenskraft?« Die begrüsste Person wird, wenn sie gesund ist, antworten: »Hai genki des.« Wörtlich übersetzt heisst dies: »Ich habe die wirkliche Lebenskraft.«

Natürlich realisiert niemand die exakte Bedeutung dieser Grussform. Aber es steckt eine grosse Wahrheit darin verborgen. Mir ist wichtig, den Ursprung dieser Redewendung zu analysieren, deren Wurzel in einem tiefen mystischen und philosophischen Hintergrund gefunden werden kann.

Sowohl im Japanischen wie auch im Chinesischen ist die Bedeutung und die Schreibweise des Wortes »Gen Ki« (Chi) dieselbe. Die Aussprache ist aber im Chinesischen verschieden. Anstatt »Gen Ki« sagt der Chinese »Yuan Chi«.

Einer der bekanntesten Sinologen und Akupunkteure der Welt, Prof. Dr. Jacques Lavier, beschreibt die Bedeutung von Chi folgendermassen:

»Alles im Universum besteht aus Tch'i. Menschen und Dinge sind in Wirklichkeit aus ein und demselben Material geformt. Tch'i erscheint daher von Anfang an als der wesentliche universale Stoff, er ist die Bezeichnung von allem, was existiert. Was ist gemeint mit materieller Substanz? Wir wissen heute nicht nur, dass die Moleküle sich nicht gegenseitig berühren, sondern dass sie wiederum aus kleineren Teilchen bestehen, die auch eine beträchtliche Distanz voneinander haben. Materie verdankt ihre Existenz daher den Kohäsionskräften, die ihr Struktur geben.«[6]

Wenn diese Chi-Energie im Körper nachlässt, so fühlt man sich krank. Man nennt sie in Japan »byo-ki« und »bing-chi« in China. Beides bedeutet dasselbe, nämlich krankes Chi (Ki), und wird genau gleich geschrieben, nur verschieden ausgesprochen.

2. Das Konzept der Chi-Energie im Sinne von C.G. Jung

Es ist erstaunlich festzustellen, wie Jung in seinem Buch »Studien über alchemistische Vorstellungen« die Chi-(Ki) Kraft als Ergänzung zum Unbewussten erklärt: »Sie (die ›prima materia‹) ist der in der Dunkelheit verborgene chên-yen, der ganzheitliche Mensch, der durch die vernünftige und korrekte Lebensordnung bedroht ist, das heisst, die Individuation wird dadurch behindert oder auf Abwege gedrängt. Das ch'i, die Quintessenz (das rosa-farbene Blut der europäischen Alchemie), lässt sich nicht ›zurückhalten‹, das heisst, das Selbst drängt darnach, sich zu manifestieren, und droht das Bewusstsein zu überwältigen.«[7]

Es ist interessant, Jungs Chi-Energie-Konzept zu verfolgen, denn es ist in der Entwicklung des Chên-Yen-Prozesses von grosser Bedeutung. Jung zitiert den ›chên-yen‹, (der vollkommene Mensch) den wahren oder vollständigen Menschen, welcher Anfang und Ende des Werkes ist.[8]

Die Rolle der Chi-Energie besteht in der Umwandlung, wie Jung sagt. Die »schwarze Masse« ist die »massa confusa«, das »Chaos«, und die »nigredo« der abendländischen Alchemie, also die Prima materia, die aussen schwarz und innen weiss ist, wie das Blei.[9]

Ferner erwähnt Jung Wei-po-yang, den ältesten chinesischen Alchemisten: »Das göttliche ch'i (ätherische Essenz) füllt die Viertel (quarters: wohl die Quartiere des inneren Bezirkes) und kann nicht zurückgehalten werden. Wer immer es zurückhalten kann, wird gedeihen, und der, welcher es verliert, wird zugrunde gehen.«[10]

Jung begann 1912 einen Artikel, den er 1928 beendete, über die »Psychische Energie«. Es ist erstaunlich, wie gut er das Konzept psychischer Energie als einen integrierten Teil der ganzen Vitalenergie des Menschen verstand. Wir finden folgende interessante Passage:

»Damit erweitern wir den engeren Begriff einer psychischen Energie zum weiteren Begriff einer Lebens-Energie, welche die sogenannte psychische Energie als eine Spezifikation subsumiert. Damit gewinnen wir den Vorteil, quantitative Beziehungen über den engeren Umfang des Psychischen hinaus in biologische Funktionen überhaupt verfolgen zu können, womit wir den unzweifelhaft vorhandenen und schon längst diskutierten Beziehungen von ›Seele und Leib‹ vorkommenden Falles gerecht werden können.

Der Begriff einer Lebens-Energie hat nun nichts zu tun mit einer sogenannten Lebenskraft, denn diese wäre als Kraft nichts anderes als eine Spezifikation einer universalen Energie, womit das Sonderrecht einer Bioenergetik gegenüber der physischen Energetik unter Übergehung der bis jetzt noch unausgefüllten Kluft zwischen dem physischen Prozess und dem Lebensprozess aufgehoben wäre. Ich habe vorgeschlagen, die hypothetisch angenommene Lebens-Energie mit Rücksicht auf den von uns beabsichtigten psychologischen Gebrauch als Libido zu bezeichnen und sie so von einem universalen Energiebegriff zu unterscheiden, in Wahrung des biologischen und psychologischen Sonderrechtes eigener Begriffsbildung. Ich will damit dem Bioenergetiker keineswegs zuvorkommen, sondern ihm freimütig zugeben, dass ich in Absicht auf unseren Gebrauch den Terminus Libido angewendet

habe. Für seinen Gebrauch mag er eine ›Bioenergie‹ oder ›Vitalenergie‹ vorschlagen.«[11]
Es gibt auch andere Ausdrücke und verschiedene Bedeutungen für die Chi-Energie wie Geist, Luft, Atmosphäre, Gas, Dampf, Äther, Essenz, Atem usw.

Die meisten amerikanischen und englischen Wissenschaftler übersetzen das Wort Chi mit Vitalenergie oder Lebenskraft.

Aber die Idee ist immer die gleiche, nur in andere Worte gekleidet. Ich glaube auch, dass »feingeistig« oder »Diamant Körper« dasselbe ist, wie es der alchemistischen Idee von »quinta essentia« entspricht.

Marie-Louise von Franz schreibt in »Zahl und Zeit«:

»In China besitzt die Zahl Fünf meistens dieselbe Bedeutung wie bei uns die Vier, indem sie als zentrierte Vier (⁙) aufgefasst wurde. Auch im Abendland ist diese Vorstellung vorhanden, in der Idee der alchemistischen Quinta essentia, welche nicht als ein fünftes zu den vier üblichen Elementen hinzutritt, sondern die meist feinstofflich-geistig gedachte Einheitssubstanz der vier Elemente darstellt, entweder von Anfang an in denselben vorhanden und extrahiert oder durch Zirkulation der vier Elemente ineinander hergestellt.«[12]

3. Die Chi-Energie und das Blut

Man könnte Chi auch mit dem »rosafarbigen Blut« westlicher Alchemie vergleichen, das Gerhard Dorn von normalem Blut unterscheidet. Mir scheint wichtig, dass eine solche geistige Kraft neben dem normalem Blut möglich ist.

Dr. Lavier, ein Spezialist für chinesische Schriftzeichen, war daran interessiert, wie sich das Zeichen Chi zusammensetzt.

Es ist aus zwei verschiedenen Formen gebildet:

Das erste Symbol ist Dampf, es versinnbildlicht die wirkliche Energie. Er kommt vom Himmel, und man kann ihn nicht greifen.

Das zweite Element ist Reis, Symbol der Nahrung. Es repräsentiert die materielle Seite der Lebensenergie. Beide formen den Charakter des Zeichens Chi.[13]

So erklärt Dr. Lavier, dass nach chinesischem Glauben ein Faktor unkörperlich und kosmisch, der andere materiell und körperlich ist.

Es wird klar, dass das Chi-Zeichen aus geistigen und körperlichen Faktoren zusammengesetzt ist. Es ist keine abstrakte Idee, sondern verkörpert sich in der Materie.

Wir sehen folglich, dass Jungs Idee genau dem Gesichtspunkt von Gerhard Dorn entspricht.

Hier möchte ich noch einige Gedanken von C.G. Jung anfügen. Sein Konzept von Anima mundi oder Anima corporalis ist im Blut zu suchen, wo - nach Jung - die Seele ihren Sitz hat.

»Schliesslich darf der Mischung das nicht fehlen, was Leib und Seele so recht eigentlich zusammenhält, nämlich das menschliche Blut, das als Sitz der Seele gilt. Es ist ein Synonym der ›roten Tinktur‹, einer Vorstufe des Lapis, und überdies altbewährtes Zaubermittel, ein ›Ligament‹, das die Seele an Gott oder an den Teufel bindet, also eine stärkste Medizin, welche die unio mentalis mit dem Körper vereinigen kann.[14]

Die Anima corporalis hat genau die gleiche Bedeutung wie die Chi-Kraft. Für mich ist das der Schlüssel, mit dem wir Jungs Gedanken besser zu verstehen vermögen. Die Verwandtschaft zwischen Energie und Blut im Chi-Konzept ähnelt Jungs Beschreibung von Seele und Körper:

«...Die Seele ist offenbar eine ›anima corporalis‹, die im Blute wohnt. Sie würde also dem Unbewussten entsprechen, sofern dieses als jene psychische Gegebenheit verstanden wird, welche zwischen dem Bewusstsein und der physiologischen Körperfunktion vermittelt. In der tantrischen Chakren-Skala wäre diese ›anima‹ unterhalb des Diaphragma lokalisiert.«[15]

4. Der Hintergrund des Chi in alten Zivilisationen

Viele Völker vor unserer Zeitrechnung kannten schon die Chi-Kraft. Die alten Ägypter nannten diese Energie Ka, in Polynesien Mana und im Kundaliniyoga heisst sie Prana.

Jung schreibt darüber folgendes:

»Die uns am besten bekannte und wohl auch reichste Ausbildung der Theologie des Königtums findet sich im alten Ägypten, und jene Anschauungen sind es, die hauptsächlich durch griechische Vermittlung in die Geistesentwicklung der abendländischen Völker eingedrungen sind. Der König ist eine Inkarnation der Gottheit und ein Gottessohn. In ihm wohnt die göttliche Lebens- und Zeugungskraft, der Ka, d.h., der Gott zeugt sich selber in einer menschlichen Gottesmutter und wird als Gottmensch von ihr geboren.«[16]

Jung vergleicht die Lebensenergie mit Mana, das eine übernatürliche Kraft besitzt. Er schreibt:

»Diese Darstellung zeigt deutlich, dass es sich bei mana wie bei den anderen Begriffen um eine Energievorstellung handelt, welche einzig den merkwürdigen Tatbestand dieser primitiven Anschauungen erklärt. Natürlich ist keine Rede davon, dass dem Primitiven die abstrakte Idee einer Energie gegeben wäre; aber zweifellos ist seine Anschauung die konkretistische Vorstufe der abstrakten Idee.«[17]

Er fährt fort:

«...bei uns wäre es ein psychologischer Energiebegriff, bei Primitiven aber ist es ein psychisches Phänomen, das als mit dem Objekt verbunden wahrgenommen wird. Eine abstrakte Idee gibt es beim Primitiven nicht, in der Regel sogar nicht einmal einfache konkrete Begriffe, sondern nur Vorstellungen. Jede primitive Sprache liefert dafür reichliche Belege. So ist auch mana kein Begriff, sondern eine Vorstellung, die sich auf die Wahrnehmung der phänomenalen Beziehung gründet. Sie ist die Essenz der von Lévy-Brühl beschriebenen ›participation mystique‹.«[18]

Die Mandalasymbolik

Anima Mundi/Thurnesser zum Thurn, Quinta essentia (1574)
von C.G. Jung Psychologie und Alchemie, S. 223

2

DER PFAD DER GÖTTER IM MENSCHLICHEN KÖRPER

1. Allgemeine Gedanken

Dieses Kapitel mag für westliche Ohren fremd klingen. Wir dürfen nicht vergessen, dass in jedem von uns der göttliche Funke innewohnt. In allen Religionen ist Gott allgegenwärtig. Er steht ausserhalb von Raum und Zeit und wird Deus omnipraesens genannt. Nach dem Alten Testament formte Gott den Menschen nach seinem Abbild. Daher spricht die Genesis 1,27 vom göttlichen Sein, der Imago Dei.

Jung beschreibt das Konzept der Imago Dei wie folgt:

»Die Vorstellung des Anthropos entspringt dem Gedanken einer ursprünglichen Allbeseelung, weshalb die alten Meister ihren Mercurius auch als ›anima mundi‹ deuteten, und wie jener in jedem Stoffe zu finden war, so auch diese. Sie war allen Körpern als ›raison d'être‹ eingeprägt, als ein Bild des Demiurgen, der sich in seiner Schöpfung inkarniert, ja sogar verfangen hatte, womit auf den Mythus von dem von der Physis verschlungenen Urmenschen gedeutet war. Nichts war leichter, als diese anima mundi mit der biblischen

Imago Dei zu identifizieren. Letztere stellte die dem Geiste geoffenbarte veritas dar.«[19]

Wie wir gesehen haben, hat Chi eine sehr tiefe, mystische Bedeutung. Ebenso symbolisiert jedes chinesische Schriftzeichen nicht nur ein Wort, sondern ein ganzes Konzept.

Man gebraucht im heutigen Japan allgemein solche Worte, ohne sich dabei bewusst zu sein, welche tiefe philosophische Bedeutung, die, wie mir scheint, zur archetypischen Welt gehört, dabei mitschwingt.

Es ist äusserst interessant, das Wort Nerv ins Chinesische oder Japanische zu übersetzen, denn in beiden Sprachen bedeutet es »Der Pfad der Götter«. Nur sprechen es die Japaner mit »sin-kei«, die Chinesen mit »chên-tsching« aus.[20]

Leider sind sich manche Ärzte nicht bewusst, dass eine archetypische Wahrheit in diesem alten chinesischen Wort verborgen ist. Sie drückt Gottes Gegenwart im Nervensystem aus.

Das Wassermannzeitalter hat nun seine Pforten für eine neue medizinische Weltanschauung geöffnet.

Die moderne Wissenschaft hat gezeigt, wie wichtig das Zentralnervensystem ist. Besonders auf dem Gebiet der psychosomatischen Medizin räumt man der Forschung von der Beziehung zwischen Nervensystem und organischen Krankheiten grosse Bedeutung ein.

Glücklicherweise ist die Wissenschaft nicht nur an der Entwicklung der materialistischen Seite interessiert. Vergessen wir aber nicht, dass im Nervensystem auch ein geistiger Aspekt existiert. Es wäre heute hilfreich, beide Ansichten als eine Einheit zu sehen: die physiologische wie die geistige. Das würde dazu beitragen, das Geheimnis und die Reichweite der Schöpfung des Menschen zu erkennen und einen gesunden Körper zu erhalten.

Jahrhundertelang galten Leib und Seele des Menschen als getrennte, unabhängige Einheiten. Jetzt steht fest: Sie hängen eng zusammen. Der Körper ist gesünder, wenn es der Seele gutgeht. Die Gemütsverfassung des Menschen beeinflusst über chemische Botenstoffe die Anfälligkeit gegenüber Infektionen wie Schnupfen oder Grippe und die Widerstandskraft gegen Krankheiten, sogar gegen Krebs.

In diesem Artikel wird ferner Dr. David Felten, Rochester, USA, erwähnt sowie Neurobiologen, Biochemiker und Immunologen in aller Welt, die immer neue Netzwerke von Nervenfasern und molekulare Brücken, die Körper und Psyche in ständiger Verbindung miteinander halten, entdeckten. Immer deutlicher stellt sich heraus, dass Gefühlsregungen oft bis in die letzte Zelle des Organismus hineinwirken und damit die Körperabwehr stärken oder auch schwächen. Eine positive Stimmungslage kann den Schutzschirm der Immunabwehr kräftigen, damit Infektionen von Schnupfen oder Grippe bis zu ansteckenden Hautkrankheiten verhindern, rheumatischen Leiden vorbeugen und sogar das Leben von Krebskranken verlängern. Anderseits kann chronischer Stress die Immunabwehr durchlöchern und den Organismus verwundbar machen.

Dr. David Felten gehört zu einer wachsenden Zahl von Wissenschaftlern, die den Menschen nicht mehr als dualistisch geteilt - hier den Körper, dort die Psyche - betrachten. Sie sehen ihn als ganzheitliches Wesen, dessen Stimmungen, Gefühle und seelischer Gesamtzustand in unmittelbarem Zusammenhang mit dem körperlichen Befinden, mit Gesundheit und Krankheit stehen.

Mit Hilfe von raffinierten Labortechniken und Werkzeugen des gentechnischen Zeitalters können Wissenschaftler heute in die ineinander verwobenen Netzwerke des Nerven- und Immunsystems sowie des hormonellen Kreislaufs gewissermassen hineinschauen und das Wirken der Seele darin nachweisen. Die Bezeichnung für die neue Wissenschaft: Psycho-Neuro-Immunologie, PNI genannt.[21]

Viele Leser mögen sich fragen, ob die Lebensenergie durch das zentrale Nervensystem oder durch die Meridiane fliesst. Dr. Cerney berichtet darüber folgendes:

»Rückenmark, Hirn und sympathisches Nervensystem, mit dem die chinesischen Meridiane eng assoziiert werden, sind mit Organen und Körperteilen verbunden. Beachte, wie das sympathische Nervensystem parallel zur Wirbelsäule verläuft und wie das autonome Nervensystem alle kontrolliert und wie die Akupunktur-Punkte der Schlüssel dazu sind, in dem beteiligten Gewebe die Gesundheit in Ordnung zu bringen und zu erneuern. Jeder chinesische Meridian spielt eine Rolle bei dieser Wirkung. Etliche Meridiane sind miteinander verbunden, und was den einen beeinflusst, beeinflusst sie alle.«[22]

Das Berühren bestimmter Punkte im Nervensystem aktiviert die Lebensenergie. Das Nervensystem beinhaltet ein elektrisches Netzwerk, wo die verschiedenen Lebensenergiepunkte, nämlich die Akupunkte, miteinander verbunden sind. Man kann es mit einem riesigen Telefonnetz im Körper vergleichen.

Wenn diese verschiedenen elektromagnetischen Energiepunkte in der Therapie berührt werden, fliesst die Vitalkraft von einem Akupunkt zum andern. Dadurch wird der Schmerz gelindert, die Muskeln werden wieder geschmeidig, der Patient bekommt ein prickelndes und wohliges Körpergefühl.

Die chinesischen Meridiane sind im obenerwähnten Sinne mit dem Nervensystem verbunden. Sie sind aber nicht direkt an Nerven gekoppelt, denn sie haben, nach alter chinesischer Überlieferung, eine selbständige Existenz.

Ein altes chinesisches Buch der Medizin zeigt, dass die Chi-Energie durch zwölf verschiedene Meridiane (Tsching) fliesst. Diese sind wie folgt aufgeteilt: Lunge, Dickdarm, Magen, Milz, Herz, Dünndarm, Blase, Niere, Dreifacher Erwärmer, Gallenblase, Leber, Herzbeutel.

Prof. I. Veith beschreibt die Zusammengehörigkeit der verschiedenen Organe und die Funktion der Meridiane:

»Die Leber ist mit Gallenblase und Bindegewebe verbunden. Herz mit Dünndarm und Arterie, Milz mit Magen und Muskeln, Lunge mit Dickdarm und Haut, die Niere mit dem Dreifachen Erwärmer, der Blase und den Knochen. Diese Verbindungen muss man sich vorstellen wie ein Bahnensystem für die Zirkulation von Blut und Luft, um Knochen und Bindegewebe feucht zu halten und die Gelenke zu schmieren. Diese zwölf Hauptverbindungen sind paarweise symmetrisch angeordnet, rechts und links im Körper. Sechs Bahnen gehören zum Prinzip Yin, sechs zu Yang. Der Name dieser Bahnen (oder Gefässe) zeigt die jeweilige Zugehörigkeit zu den Elementarkräften und zu den einzelnen Körperorganen an.[23]

2. Der Pfad des Energiestromes

Diese Pfade der umlaufenden Energie heissen Tsching. Sein Zeichen ist reich an Bedeutungen. Erstens können wir eine Spindel mit zwei Seidenkokons sehen, aus denen sich je ein Faden an der Unterseite herauswickelt. Diese Spindel zeigt die Dualität von Yin und Yang bzw. den materiellen sowie den immateriellen Aspekt der Energie. Oder als Wichtigstes: das, was wir später als Elemente von Blut-Luft erkennen werden. Ausserdem deutet der aus zwei Strähnen gedrehte Seidenfaden, der aus der Spindel herausgezogen ist, die Idee von extremer Feinheit und Zartheit an: Tsching (a) ist unsichtbar. Auf der rechten Seite des Zeichens Tsching kann man eine Strömung sehen, eine Flussrinne zwischen zwei Ufern

(b). Damit wird Tsching vergleichbar mit einer elektrischen Leitung, die Strom überträgt. Oder mit einem Neuron, das Nervenimpulse weiterleitet oder eigentlich mit jedwelcher Art von Kanal. Der senkrechte Teil, dessen oberer Strich sich mit dem unteren Ufer des Flusses deckt (c), fügt dem Ganzen noch den Begriff von Arbeit hinzu, von Stoffwechsel. Er weist darauf hin, dass der in Tsching eingebettete Energiefluss in einem bestimmten Zyklus zwischen zwei extremen Ebenen - etwa wie Himmel und Erde - zunimmt und abnimmt.[24]

Verfolgen wir nun, wie das göttliche Chi durch die Meridiane strömt. Diese zwölf Meridiane haben etwa

700 verschiedene Kraftstationen, Akupunkturpunkte genannt. Von jedem dieser Punkte geht eine Strahlung aus: Es ist die Chi-Energie. Wird solch ein Punkt mit den Fingerspitzen oder mit Gold- oder Silbernadeln berührt, kann der Therapeut die Strahlung spüren. Der Patient empfindet es als eine Art elektrischer Strom.

Dr. J. Worsley gibt dazu folgenden Kommentar:

»Meridiane und Akupunkturpunkte:

Die ›vitale Energie‹ zirkuliert auf spezifischen Bahnen, den ›Meridianen‹, durch den Körper. Diese Vitalenergie kann an etwa siebenhundert Punkten der Haut angezapft werden. Diese siebenhundert Punkte stehen mit den verschiedenen Körperorganen genauso in Kommunikation wie mit dem psychischen und physiologischen Gesamtzustand einer Person. Sowjetische Versuche haben nun gezeigt, dass die Lichtkanäle, die zur Oberfläche des Körpers führen und die durch die Kirlian-Technik sichtbar gemacht werden, dem chinesischen Meridian-System entsprechen. Die Stellen, wo die Lichter und Funken am strahlendsten flammten, schienen mit den Akupunkturpunkten identisch zu sein.«[25]

Die Kirlian-Photographie wurde von Semjon Davilowich und Walentina Kirlian von der Kasakh-Staatsuniversität, UdSSR, erfunden. Um diese Art von Photographie wissenschaftlich zu beschreiben, wählen wir einen Text von Sheila Ostrander und Lynn Schroeder:

»Grundsätzlich ist die Photographie mit hohen elektrischen Frequenzen an einen speziell konstruierten Hochfrequenz Funkengenerator gebunden, der 75000 bis 200000 elektrische Schwingungen erzeugt. Der Generator kann an verschiedene Klammern, Platten, optische Instrumente, Mikroskope oder Elektronen-Mikroskope angeschlossen werden. Das zu erforschende Objekt (Finger, Blätter usw.) wird zusammen mit Photopapier zwischen die Klammern eingesetzt, die offensichtlich bewirken, dass das Objekt eine Art von Bio-Leuchten auf dem Papier erzeugt. Eine Kamera ist für diesen Prozess nicht notwendig.«[26]

»Auf einer Kirlian-Photographie sieht der Körper wie ein Lichtspektakel aus. Die Hände zeigen ein unglaubliches Spiel von Feuerwerk, breite Bahnen violetter, feuriger Blitze lodern unruhig auf, dann gibt es stille, gelblich-rote Lichter wie verkümmerte Sterne. Sie scheinen wie kraterartige Einbrüche, aus denen keine feurige Lava, sondern Strahlen arktischen Lichtes hervorbrechen. Etliche dieser Lichter sehen wie in den Weltraum geschossen aus.«[27]

Wie schon gesagt: Die göttliche Chi-Energie fliesst durch die Meridiane, als wäre sie ein elektrischer Strom. Dieses Strömen kann selbstverständlich nicht gesehen werden. Dank der Kirlian-Photographie kann es gleichwohl sichtbar gemacht werden. Darzu können wir einen Abschnitt von Sheila Ostrander und Lynn Schroeder zitieren:

»...möglich, dass die Kirlian-Entdeckung die erste wissenschaftliche Bestätigung dieses 5000 Jahre alten Systems der Medizin zu geben vermag. Vielleicht bestand auch eine Verwandtschaft zwischen den Bahnen schwimmenden Lichtes, die die Kirlians sahen, und den Bahnen von Vitalenergie, die von alten Chinesen beschrieben wurden.«[28]

Zusammenfassend möchte ich sagen, dass dies für mich eine Manifestation des Vorhandenseins göttlicher Energie bedeutet.

3

DIE GÖTTLICHE GEGENWART IN DER MENSCHLICHEN NATUR

1. Genereller Überblick

Unsere heutige materialistische Denk- und Lebensweise hat zu ausserordentlichen technischen und wissenschaftlichen Entdeckungen geführt, vor allem in der Medizin.

Die moderne Medizin, besonders die Chirurgie, hat einen grossen Schritt vorwärts gemacht. Andererseits sind aber Wissenschaft und Medizin völlig ungeistig und seelenlos geworden. Deshalb können sie Gottes Gegenwart auf ihrem Gebiet nicht akzeptieren.

Der geistige Aspekt der Dinge wird heute allgemein vernachlässigt. Nicht nur, dass man sich in Widersprüche verwickeln würde, man missversteht auch, dass der Geist, der die ganze Natur durchwebt, in deren einzelnen materiellen Teilen lebendig ist. Mit einer solchen einseitigen Sichtweise ist es schwer, den Sinn des Lebens zu verstehen.

Wenn Wissenschaftler die göttliche Gegenwart auf ihrem Gebiet akzeptierten, würde ihr Forschungswerk unweigerlich durcheinandergeraten, denn sie betrachten sie als einen Einbruch der Metaphysik in ihre Arbeit und sehen diese dann als unwissenschaftlich an.

Niemand kann bei der Erforschung von Zellen, Mikroben und Atomen, oder Krankheiten, die Existenz geistiger Kraft leugnen. Die moderne wissenschaftliche Tradition aber beachtet nur die materielle Seite und verneint den geistigen Aspekt der Schöpfung. Sie wurzelt im dualistischen Denken des Westens und hat grosse Schwierigkeiten, Materie und Geist als zwei Sichtweisen ein und derselben Realität zu sehen.

Glücklicherweise gibt es, wie ich bereits in Kapitel II dieses Buches hingewiesen habe, eine Revolution in der Medizin. Die Ansicht der Leib-und-Seele-Konzeption wird im klinischen Bereich nun angewendet.

2. Religion und Wissenschaft

Wir verdanken es Teilhard de Chardin, der als Wissenschaftler in seiner paläontologischen Forschung dazu beitrug, den transzendentalen Faktor in die materielle Dimension miteinzubeziehen. Wenn wir seine Forschung zusammenfassen, ersehen wir, dass sein Konzept der »unio matrimonialis« nicht nur Geist und Materie, sondern auch Wissenschaft und Religion angeht.

Er schreibt im »Der Mensch im Kosmos«:

»Dem Anschein nach ist die moderne Erde aus einer antireligiösen Bewegung entstanden. Der Mensch genügte sich selbst. Die Vernunft nahm die Stelle des Glaubens ein. Unsere Generation und die beiden vorhergehenden hörten fast nur vom Konflikt zwischen Glauben und Wissenschaft. So konnte es einen Augenblick scheinen, dieser sei tatsächlich berufen, jenen zu ersetzen. Je länger diese Spannung währt, um so deutlicher scheint sich der Konflikt in einer ganz anderen Form aufzulösen und sein Gleichgewicht zu finden - weder Eliminierung noch Dualität, sondern Synthese. Nach fast zwei Jahrhunderten leidenschaftlicher Kämpfe ist es weder der Wissenschaft noch dem Glauben gelungen, sich wechselseitig herabzusetzen, im Gegenteil, es bewahrheitet sich, dass sie nur zusammen sich normal entwickeln können; einfach, weil dasselbe Leben beide beseelt. Weder in ihrem Antrieb noch in ihren Theorien kann die Wissenschaft bis an ihre Grenzen gehen, ohne sich mit Mystik zu färben und mit Glauben aufzuladen.«[29]

De Chardin war von Gottes Gegenwart überzeugt, nicht nur in der menschlichen Kreatur, sondern überall. Er zeigte in seiner Theorie, wie Makro- und Mikrokosmos als eins angesehen werden können, und öffnete mit seinen neuen Ideen, trotz Missbilligung der katholischen Kirche, den Weg zu kosmischen Dimensionen. Bedauerlich ist, dass all seine Bemühungen in seiner wissenschaftlichen Arbeit christlich betont waren, denn er hatte dessen Glauben zu verteidigen. So lag sein Hauptaugenmerk meines Erachtens in erster Linie auf dem Christentum.

In dem Zusammenhang ist es aufschlussreich, Jungs Gedanken zu verfolgen, der das Verhältnis zwischen Wissenschaft und Religion in einer liberaleren Form erklärte. Im psychologischen Kommentar zu »Das tibetische Buch der grossen Befreiung« heisst es:

»Der Konflikt zwischen Wissenschaft und Religion ist in Wirklichkeit ein Missverstehen von beiden. Der wissenschaftliche Materialismus hat nur eine neue Hypostase eingeführt, und das ist eine intellektuelle Sünde. Er hat dem höchsten Realitätsprinzip einen anderen Namen gegeben und hat angenommen, dass er dadurch etwas Neues erschaffen und etwas Altes zerstört habe.

Ob man nun das Prinzip des Seins Gott, Materie, Energie oder sonstwie benennt, man hat damit nichts erschaffen, man hat nur ein Symbol ausgewechselt. Der Materialist ist ein Metaphysiker malgré lui. Der Gläubige andererseits versucht aus rein sentimentalen Gründen einen primitiven geistigen Zustand beizubehalten. Er ist nicht gewillt, die primitive, kindliche Beziehung zu geistgeschaffenen und hypostasierten Gestalten aufzugeben, er will sich weiter der Sicherheit und des Vertrauens in einer Welt erfreuen, in der mächtige, verantwortliche und gütige Eltern die Aufsicht führen. Der Glaube schliesst möglicherweise ein sacrificium intellectus ein (vorausgesetzt, dass Intellekt zum Opfern vorhanden ist), aber nie ein Gefühlsopfer.«[30]

Jungs Pionierwerk über Religion und Wissenschaft verhalf dazu, eine völlig neue Richtung auf theologischem und wissenschaftlichem Gebiet zu öffnen. Die christliche

Religion erscheint heute weniger konventionell, es wächst ein grösseres Verständnis für die menschliche Natur heran, ebenso wie für das unbewusste psychische Reich. Über Jahrhunderte hinweg war die Koexistenz von Rationalem und Irrationalem für die christliche Religion ein unlösbares Problem. Es wurde z.B. das Übernatürliche niemals als wesentlicher Anteil der irrationalen, instinktiven Sphäre gesehen. Immer gab es rationale Erklärungen für jede Art von spirituellen Phänomenen.

Das Christentum war, speziell das katholische, auf Dogma und rationale Theologie ausgerichtet, auf die reine »ratio humana«. Ausserhalb dessen wurde jede Art von Irrationalem als kirchenfeindlich angesehen und gefürchtet.

Erstaunlich, wie Jung schon zu seiner Zeit alles über den Zusammenhang zwischen Wissenschaft und Religion, Natur und Übernatürlichem, Materie und Geist kannte. Um das Geheimnis göttlicher Schöpfung zu entdecken, musste das alles miteinander verbunden sein. Ich finde Jungs Gedanken nicht nur sehr modern, sondern auch verständlich und dem orientalischen Denken nahe.

Seine fortschrittlichen Ideen erregten natürlich viel Kritik von seiten der Rationalisten. Trotzdem folgte er genau seiner Linie, so, als würde er von einer leitenden geistigen Kraft inspiriert und geführt. Damit leistete er einen grossen Beitrag für die Menschheit und öffnete den Weg zu Geheimnissen der unbewussten Natur, die für mich zur göttlichen Schöpfung gehören.

Als Orientale empfinde ich keinen Vorbehalt gegenüber Jungs Gedanken, da wir ein unmittelbares Gespür für die Wahrheit in all ihren Schattierungen haben. Ich bewundere sein grosses Bemühen, um den richtigen Ausdruck für Gottes Gegenwart im Unbewussten der menschlichen sowie der kosmischen Natur zu finden. Jung schreibt:

»Im Osten ist der Geist ein kosmisches Prinzip, die Essenz des Seins überhaupt, während wir im Westen zur Einsicht gelangt sind, dass Geist die unerlässliche Bedingung zur Erkenntnis und daher auch zur Welt als Vorstellung bildet. Im Osten gibt es keinen Konflikt zwischen Religion und Wissenschaft, weil keine Wissenschaft auf der Leidenschaft für Tatsachen begründet ist und keine Religion bloss auf dem Glauben, es gibt religiöse Erkenntnis und erkennende Religion. Bei uns ist der Mensch unendlich klein, und die Gnade Gottes bedeutet alles, im Osten dagegen ist der Mensch Gott und erlöst sich selber.«[31]

»Wir nehmen nicht an, dass der Geist eine metaphysische Wesenheit ist oder dass eine Verbindung zwischen dem individuellen Geist und einem hypothetischen All-Geist besteht. Daher ist unsere Psychologie eine Wissenschaft der blossen Phänomene ohne irgendwelche metaphysischen Implikationen. Die Entwicklung der westlichen Philosophie in den zwei letzten Jahrzehnten hat den Erfolg gehabt, den Geist in seiner eigenen Spähre zu isolieren und ihn aus seiner ursprünglichen Einheit mit dem Weltall zu lösen. Der Mensch selber hat aufgehört, Mikrokosmos und Abbild des Kosmos zu sein und seine ›Anima‹ ist nicht mehr die wesensgleiche Scintilla oder ein Funke der anima mundi, der Welt-Seele.«[32]

3. Das kollektive Unbewusste und die Natur

Bevor ich dieses Kapitel vom kollektiven Unbewussten behandle, möchte ich von einer Begebenheit sprechen, die sich im Jahre 1959 zwischen Jung und englischen Journalisten zugetragen hat. Jung wurde damals gefragt, ob er an Gott glaube oder nicht. Seine Antwort war: nein.

Die Journalisten waren über Jungs Antwort sehr erstaunt. Jung glaubte an einen universellen Gott, ohne Begrenzung der Kirche. Wir können Jungs Konzept von Gott im folgenden deutlich erkennen:

Professor Palmer A. Hilty vom State College in Washington stellte Jung 24 Fragen. Mir fiel speziell Frage 5 auf:

»Glauben Sie an einen Gott über oder unterhalb oder ausserhalb der gesamten Natur oder jedenfalls von ihr unterschieden, wenn man unter ›Natur‹ die gesamte biologische und physikalische Welt, oder Welten, versteht?«[33]

Jung antwortete in seinem Brief vom 25. Oktober 1955:

»Als die überwältigende Erfahrung κατ' ἐξοχήν ist ›Gott‹ ein ἄρρητον, ein Unaussprechliches, darüber hinaus würde ich keine Feststellung wagen, obwohl ich die traditionellen Umschreibungen einer solchen absoluten Einheit (μονότης) oder complexio oppositorum voll akzeptiere. Dieses Bild schliesst selbstverständlich die Natur als einen Aspekt der Gottheit ein.«[34]

Als einer der wenigen seiner Zeit verstand er das Wesentliche des menschlichen Daseins und der Natur. Es scheint, dass seine Hauptarbeit ein unausgesetztes Erforschen der Natur auf dem Gebiet psychischer Realität war, das am Ende die Tiefe des kollektiven Unbewussten aufdeckte. In dem Zusammenhang findet sich ein Brief, den Jung an Mr. Cornell am 9. Februar 1960 schrieb:

»Wherever and whenever the collective unconscious (the basis of our psyche) come into play, the possibility arises that something will happen which contradicts our rationalistic prejudices. Our consciousness performs a selective function and is itself the product of selection, whereas the collective unconscious is simply Nature - and since Nature contains everything it also contains the unknown. It is beyond truth and error, independent of the interference of consciousness, and therefore often completely at odds with the intentions and attitudes of the ego.

So far as we can see, the collective unconscious is identical with Nature to the extent that Nature herself, including matter, is unknown to us. I have nothing against the assumption that the psyche is a quality of matter or matter the concrete aspect to the psyche, provided that ›psyche‹ is defined as the collective unconscious. In my opinion the collective unconscious is the preconscious aspect of things on the ›animal‹ or instinctive level of the psyche. Everything that is stated or manifested by the psyche is an expression of the nature of things, whereof man is a part.«[35]

Analysieren wir die traditionelle christliche Theologie, so stellen wir fest, dass Christus tatsächlich einen ausserordentlich starken Energiekörper hatte. Da er ein höheres Wesen war, kann seine göttliche Natur als kosmisch-strahlende Kraft angesehen werden, die Wunder bewirkte. Aus orientalischer Sichtweise ist das nichts anderes als Chi, die Kraft, die immer existierte und ewig existieren wird. Der Kern der göttlichen Natur Christi kann mit einem feinstofflichen Körper verglichen werden. Das entspricht dem Energiekörper, der ohne Zweifel von Gott selbst ausstrahlt.

Nicht nur Christus, sondern alle Religionsgründer wie Buddha, Mohammed, Konfuzius etc. hatten diese paranormalen Fähigkeiten.

Palmer A. Hilty fragte Jung folgendes (Frage 12):

»Glauben Sie, dass Jesus mehr Gottsohn war als Gautama, Sokrates, Albert Schweitzer, Gandhi?«

Jung antwortete in seinem Brief vom 25. Oktober 1955:

»Soweit ich nach den Dokumenten christlicher Tradition urteilen kann, war Jesus Christus wahrscheinlich eine bestimmte menschliche Persönlichkeit, in hohem Masse jedoch von archetypischen Projektionen überdeckt, mehr noch als andere historische Gestalten, wie Buddha, Konfuzius, Laotse, Pythagoras etc. Insofern XP ein archetypisches Bild darstellt (nämlich das des ἄνθρωπος oder υἱὸς τοῦ ἀνθρώπου), ist er göttlicher Natur und somit ›Gottes Sohn‹.«[36]

In »Aion«, Kapitel V, »Christus, ein Symbol des Selbst«, schreibt Jung:

«…Christus als vollkommener Mensch und als Gekreuzigter. Ein wahreres Zielbild des ethischen Strebens lässt sich kaum erdenken, und jedenfalls kann dagegen die transzendentale Idee des Selbst, welche der Psychologie als Arbeitshypothese dient, niemals aufkommen, denn obschon sie ein Symbol ist, fehlt ihr der Charakter des geschichtlichen Offenbarungsereignisses. Sie ist, wie die verwandte Atman- oder Tao-Idee des Ostens, wenigstens zum Teil ein Produkt der Erkenntnis, die sich allerdings weder auf Glauben noch auf metaphysische Spekulation, sondern auf die Erfahrung gründet, dass das Unbewusste unter gewissen Umständen spontan ein archetypisches Symbol der Ganzheit hervorbringt. Aus dieser Tatsache muss man schliessen, dass ein Archetypus dieser Art universell vorhanden und mit einer gewissen Numinosität ausgestattet ist.«[37]

Seit Generationen gab es nur eine geringe auserwählte Zahl der Zivilisationen, die das besondere Empfindungsvermögen für den Zusammenhang zwischen psychophysischer Krankheit und dem ganzheitlichen Sein hatten. Schamanen und Medizinmänner waren in primitiven Gesellschaftsformen die Vertreter dieser Sensibilität. Sie hatten einen tiefen Kontakt zu Gottes immerwährender Energie.

Die wenigen Hochsensitiven waren in ständiger Verbindung mit höchster göttlicher Energie, das heisst, sie konnten geistige, physische und psychische Krankheiten heilen. Wer den Geistkörper in uns akzeptieren kann, der versteht auch die göttliche Gegenwart in jedem von uns.

Jung schreibt darüber :

»Man kann sich Gott ebensowohl als ewig strömendes, lebensvolles Wirken, das sich in unendlichen Gestalten abwandelt, wie als ewig unbewegtes, unveränderliches Sein vorstellen.«[38]

4. Unsere heutige Begegnung mit der Chi-Kraft

Wir können beobachten, wie mit dem technischen Fortschritt die Vitalenergie in uns oftmals nicht mehr in Gleichklang mit unserem sterblichen Körper ist.

Tägliches Fleischessen ist ungesund, weil es zuviel Säure enthält. Das Sonnengeflecht kann nicht strahlen, denn die Energie ist blockiert. Da die Blutzufuhr nicht normal ist, wird der Magen nicht richtig durchblutet, und ein Kältegefühl entsteht.

Wir dürfen nicht vergessen, dass beim Viehtransport Beruhigungsspritzen verabreicht werden. Übermässiger Fleischkonsum kann unsere Lebensenergie blockieren.

Das Wasser in unserem Haushalt ist sehr ungesund, denn es enthält Chlor. Es ist aus diesem Grunde angezeigt, Mineralwasser ohne Kohlensäure zu trinken, oder warme Kräutertees wie Hagebutte, Pfefferminze und Lindenblüte. Mistel und Salbei sind vor allem während der Menopause sehr wirksam. All dies hebt die Lebensenergie und aktiviert das Immunsystem.

So sind z.B. Nahrung und Wasser, als Träger der Energie und als ständige Quelle von Chi, vergiftet durch unnatürliche chemische Produkte.

Vertiefen wir uns nun in die sinnvolle Schrift des alten chinesischen Philosophen Ling Shu:

»...Menschen nehmen Qi (Chi) durch die Nahrung auf. Qi geht durch den Magen, wird durch Lunge, die fünf festen und die sechs Hohlorgane befördert, so dass alle davon etwas bekommen. Der reine Teil der Nahrung ist ›nährendes Qi‹, der weniger reine ist ›schützendes Qi‹.

Nährendes Qi fliesst in den Meridianen und Blutgefässen, das schützende Qi ausserhalb von ihnen.«[39]

Su Wen, Bi Lung, ein anderer chinesischer Philosoph, schreibt einen anderen interessanten Kommentar:

»Das schützende Qi wärmt das Unterhautgewebe, befeuchtet die Haut, kontrolliert das Öffnen und Schliessen der Poren und ernährt den Raum zwischen Haut und Fleisch. Aber seine Hauptaufgabe liegt im Schutz des Körpers vor dem ›Bösen‹, das von aussen eindringt. Greifen zum Beispiel Wind und Kälte den Körper an, so wirkt es dem Angriff durch das Verlangen von Wärme und durch Fieber entgegen. Es bricht Schweiss aus, das Fieber sinkt, und die Angriffskräfte sind vertrieben. Wenn andererseits die Angreifer erfolgreich sind, wird der Patient das Opfer einer Krankheit...«[40]

»Wenn das schützende Qi zu schwach ist, um durch das Unterhautgewebe zu dringen, werden die Meridiane leer und hohl, der Fluss des Blutes wird uneben und schlakkig, Haut und Fleisch werden ungleich ernährt. Der Patient bekommt dann vielleicht Rheumatismus. Falls Windeskälte und Feuchtigkeit im Körper verbleiben, greifen sie die Meridiane, Gefässe und Gelenke mit einem Arthritisanfall an.

Das nährende Qi gehört zu derselben Kategorie wie das Yin, da es aus einer verfeinerten Substanz besteht und mit dem Blut im Körperinneren zirkuliert. Das schützende Qi könnte man dem Yang zuordnen, weil es aus gröberen Elementen besteht, in der Körperoberfläche zirkuliert und nicht mit dem Blutstrom verbunden ist, aber mit dem Qi.«[41]

Unsere Generation muss gegen ein Übermass an Medikamenten, die wider die göttliche Natur sind und unseren Energiekörper zerstören, ankämpfen. Der Rhythmus der Lebenskraft wird teilweise blockiert. Starker täglicher Stress in unserer Zeit, Frustrationen, Zeitmangel, das alles steuert zum Ungleichgewicht zwischen der physischen und psychischen Energie in uns bei und öffnet den Weg für alle möglichen psychophysischen Krankheiten.

Man spricht immer vom negativen Stress. Aber gute Arbeitsbedingungen in harmonischer Umgebung, Freude, etwas zu leisten, ergeben einen positiven Stress. Dieser ist sehr nützlich, denn er wirkt wie eine gute Therapie. Die Arbeit hat den gleichen Stellenwert wie ein Hobby, und die daraus resultierende Schöpfungskraft erhöht die positive Lebensenergie.

Was die Pensionierung betrifft, so sollte meiner Meinung nach das Alter nicht auf 65 Jahre für Männer und 62 Jahre für Frauen festgesetzt werden. Der plötzliche Wechsel von Tätigkeit zu erzwungener Untätigkeit ist ein einschneidender Persönlichkeitsumbruch. Es kann auch ein Schock sein, denn es entsteht eine lähmende Leere, welche Depressionen hervorruft und die Lebensenergie blockiert.

Demzufolge wäre es ratsam, die Pensionierung sorgfältig zu planen. Die Arbeitsstunden könnten je nach Wunsch und Gesundheitszustand langsam abgebaut werden.

Es ist sehr schlecht, dass die Alten den Jungen so schnell Platz machen müssen. Aus diesem Grunde verlassen viele die Firma vor der Pensionierung.

In vielen Ländern, wie z.B. in Japan und den USA, gibt es Unternehmungen, in denen Pensionierte arbeiten. Dies ist sehr förderlich, denn die Arbeit gibt den Pensionierten einen neuen Lebensimpuls und Energie. Sie stärkt gleichzeitig die Gesundheit und das seelische Gleichgewicht.

Schöpferische Leute freuen sich oft auf die Pensionierung. Denn die Befreiung des täglichen Leistungsdrucks wird ihre kreative Ader aktivieren. Sie werden endlich ihre Träume realisieren können.

Die neue, sprühende Lebensenergie wird die früheren Beschränkungen sprengen, die fühlbare kosmische Nähe bringt Zufriedenheit und Gesundheit und fördert den Individuationsprozess.

5. *Wie Rauchen, Alkohol und Drogen*
   unser Chi-System beeinflussen

In den letzten Jahren kann ein starker Nikotinkonsum besonders bei Frauen beobachtet werden. Von der psychologischen Seite aus gesehen, ist die Frau vielleicht ein Opfer der Emanzipation. Spannungen und innere Konflikte werden mit dem Rauchen scheinbar ausgeglichen.

Die Psychologie der Frauen hat sich in den letzten Jahrzehnten enorm gewandelt. Sie sollten im Geschäftsleben dieselben Leistungen wie die Männer erbringen und zu Hause noch perfekte Häushälterinnen und Mütter sein. Das innere Gleichgewicht leidet unter der Verantwortung und dem Zeitdruck. Demzufolge ist das vegetative Nervensystem oftmals verkrampft und die Lebensenergie blockiert. Die Zigarette ist das scheinbare Ventil, um den inneren Druck zu vermindern und Lösungen für vorhandene Probleme zu finden.

Unsere Gesellschaft ist heutzutage auf das Bild der schlanken, sportlichen und jugendlichen Frau fixiert. Das Wunschdenken wird durch geschickte Reklame aktiviert.

Das Nikotin beeinträchtigt nicht nur unsere Lebensenergie, sondern auch unser Immunsystem und die Blutzirkulation. Da die Körperausstrahlung vermindert ist, sind Arme und Beine immer schlecht durchblutet. Bei starken Rauchern treten oft Hautprobleme und Haarausfall auf. Dass junge Raucher schon Herzinfarkte erleiden, ist eine Tatsache.

Übermässiger Alkoholkonsum vermindert die Lebensenergie. Hinter jedem Alkoholiker verstecken sich ungelöste Probleme des Unbewussten. Er möchte seine Sorgen, Geldschwierigkeiten, Enttäuschungen, Missverständnisse und den Stress hinunterspülen können.

Der Alkoholiker sucht sein inneres Paradies, das Nirwana des Vergessens und Vergebens, im Trinken. Da der Ichkomplex so schwach ist, wird die Realität verformt. Sie erscheint für eine kurze Zeitspanne in einem besseren, ruhigeren Licht.

Ein starker Trinker leidet, psychologisch gesehen, an einem Anima-Problem, und die negative Mutterbindung ist vorherrschend. Flieger z.B. mögen sich glücklich fühlen, wenn sie im Kosmos mit der Grossen Mutter vereint sind. Nach der Landung greifen sie vielleicht zum Alkohol, um Unsicherheit und innere Leere zu kompensieren. Das wird ihre inneren Konflikte für kurze Zeit beruhigen.

Yin, die dunkle negative Kraft, dominiert. Zwischen Yin und Yang besteht keine Harmonie. Die Leber rebelliert.

Dieses Beispiel zeigt, dass eine Ausschweifung eine »privatio boni« im Körper erzeugt und das Übel siegt. Ist dagegen der Körper im Gleichgewicht, lebt »Gott« in den verschiedenen Organen in Frieden.

Wird aber nur ein Organ vom »Übel« berührt, beginnt der innere »Krieg« und bringt die ganze Harmonie des Körpers durcheinander.

Dionysos, der Gott des Weines, lebt in jedem von uns. Wir fühlen uns wohl und glücklich, wenn wir trinken. Der Alkohol hilft Introvertierten, sich für eine gewisse Zeit freier zu fühlen, die Schüchternheit weicht, und die Zunge löst sich.

In der Bibel, im Alten Testament, finden wir ein gutes Beispiel: Psalm 104,15:

»Wein, der des Menschen Herz erfreue, dass sein Antlitz erglänze von Öl, und Brot das Herz des Menschen stärke.«

Weiter in Jesus Sirach 31,32:

»Der Wein erquickt die Menschen, wenn man ihn mässig trinkt. Und was ist das Leben ohne Wein? Denn er ist geschaffen, dass er die Menschen fröhlich machen soll. Der Wein, zur rechten Zeit und im rechten Mass getrunken, erfreut Herz und Seele. Aber wenn man zuviel davon trinkt, bringt er Herzeleid, weil man sich gegenseitig reizt und miteinander streitet. Die Trunkenheit macht einen Narren noch toller, bis er strauchelt und kraftlos hinfällt und sich verletzt.«

Wir sehen, dass Wein und Spirituosen uns bis zu einem gewissen Grad Lebensenergie bringen. Jeder ist in der Abgrenzung seines Trinkens allein verantwortlich, es hängt nur von der inneren Disziplin ab.

Gemeinsames Trinken in einer auserwählten Gruppe mit gleichen Gedankenschwingungen kann stimulierend sein. Interessante Gespräche wirken wie eine gute Therapie.

Es ist sehr gefährlich, allein zu trinken, speziell zu Hause, denn es kann leicht in eine katastrophale Gewohnheit ausarten. Trinker haben leichten Einlass in die negative Schattenwelt. Der Pessimismus, der gebrochene Lebenswille und die Selbstzerstörung öffnen langsam die Tore der inneren Hölle.

Schlechte und dunkle Geister werden durch Drogensüchtige angezogen, und die Lebensenergie wird durch den Drogenkonsum blockiert.

Dass leichte Drogen frei erhältlich sind, spiegelt ein falsches Gesellschaftsdenken. Unsere Kinder sind der Gefahr ausgesetzt, in die Gruben der Sucht zu fallen, woraus es keine Rückkehr zum normalen Leben mehr gibt.

Die Drogen öffnen für eine kurze Zeitspanne die Grenzen der Wahrnehmung. Der kosmische Einblick, der gewährt wird, lässt das reelle Leben als Hölle erscheinen, aus der man flüchten will. Auch hier ist das Ego schwach und undiszipliniert.

Wie wir sehen, leben sowohl die Alkoholiker wie die Drogensüchtigen in einer umgekehrten Lebenssituation. Das negative Denken dominiert, da der Körper von niedrigen, bösen Geistern besessen ist. Sie sind in der Zwangsmühle ihrer selbst gefangen. Das Überleben bis zur nächsten Spritze kann nur durch Stehlen und Prostitution gewährleistet sein, gepaart mit der Angst, an Aids zu erkranken oder im Gefängnis zu landen.

Diese teuflischen Kräfte zerstören langsam und sicher unsere Jugend, Gesellschaft, Kultur und Welt.

Das oben Geschilderte betrifft in einem gewissen Sinne den Aspekt des Mutterkomplexes. Alkohol- und Drogenabhängige haben im allgemeinen ein schwaches Ego. Da das Verlangen nach innerer Sicherheit verstärkt ist, suchen sie Zugang zur archetypischen Grossen Mutter.

Süchtige haben im allgemeinen eine sehr negative Mutterprojektion, denn das schwache Ego kann nicht im Einklang mit dem unbewussten Verhalten stehen. Die Undiszipliniertheit des Egobewusstseins schreit nach Alkohol, Drogen und gibt nach aussen eine falsche Sicherheit.

Der Egokomplex kann sich auch in einem hypochondrischen Benehmen äussern. Da wird zum Beispiel ständig nach nicht vorhandenen Krankheiten gesucht. Ein Arzt nach dem andern wird konsultiert, in der Hoffnung, ernst genommen zu werden und einen gewissen Schutz zu finden. Es ist in einem gewissen Sinne ein Mutterersatz. Das wahre Problem liegt viel tiefer und ist ein psychologisches.

6. Die Jungsche Psychologie und der Autonome Komplex

Wir müssen auch den psychologischen Aspekt der göttlichen Energie mit in Betracht ziehen, z.B. die Psychologie des Autonomen Komplexes, der seinen Ursprung in der archetypischen Welt hat. Jung weist darauf hin, im Rahmen der Psychologie sei »Gott« ein Autonomer Komplex, ein dynamisches Bild, und das ist alles, was die Psychologie überhaupt feststellen kann.[42]

Es ist anzunehmen, dass der Autonome Komplex eine Energieform ist, welche die psychische Realität des Unbewussten umkreist. Wir dürfen dieser Realität nicht gleichgültig gegenüberstehen. Die Energie kann als psychische und physische Einheit betrachtet werden, denn sie ist transzendent und immanent.

Marie-Louise von Franz erklärt Jungs Konzept über den Autonomen Komplex in folgenden Worten:

»Im Blei wohnt nach Ansicht alter Texte ›ein unverschämter Dämon, der Geisteskrankheit erzeugen kann‹. Der Operierende fühlt sich verwirrt, desorientiert, verfällt einer tiefen Melancholie oder fühlt sich in die tiefste Hölle versetzt. Die Nigredo hat ihre Parallele im Individuationsprozess, in der Begegnung mit dem Schatten. Alles, was man zuvor mit moralischer Empörung an anderen kritisiert hatte, wird einem von den Träumen als Teil des eigenen Wesens ›serviert‹. Neid, Eifersucht, Lüge, sexuelle Getriebenheiten, Machtgier, Ehrgeiz, Geldgier, Reizbarkeiten, Kindischkeiten starren einen plötzlich unerbittlich von innen an. Illusionen über sich selbst und die Welt brechen zusammen, Ideale erweisen sich als getarnter Machttrieb, ›heilige‹ Überzeugungen als hohl. Wenn eine latente Psychose vorhanden ist, kann der Bleidämon, Nietzsches ›Geist der Schwere‹, tatsächlich Geisteskrankheit erzeugen. Das ›Ich‹ fühlt sich seiner illusionären Allmacht beraubt und mit der verwirrenden dunklen Macht des Unbewussten konfrontiert. Dieser Zustand kann sehr lange, jahrelang, dauern: bis alle Dunkelheiten bewusst gemacht, alle autonomen Teilpersönlichkeiten (autonomen Komplexe) erkannt und moralisch gebändigt sind.«[43]

7. Körper und Seele am Anfang des Christentums

Am Anfang des Christentums wurden Körper und Seele als Einheit betrachtet. Die Kirche war damals sehr um das Wohlergehen der ersten christlichen Gemeinden besorgt. In der Bibel finden wir viele Andeutungen über das Heilwirken. Wir wissen, dass Christus durch die Energie seiner Worte sowie durch die Lebenskraft, die aus seinen Händen strömte, heilen konnte. Wir können Christus als Lebensberater, aussergewönlichen Arzt, Analysten und Geistführer betrachten. Nur schon durch seine Wortschwingungen wurden Gläubige wieder gesund. Er brachte Tausenden Licht und Heilung sowie Frieden und Liebe.

Alle diese Tatsachen können wir im Neuen Testament verfolgen. Christus heilte seine Gläubigen durch das

Auflegen seiner Hände. Die Kranken fühlten die kreisenden, kosmischen Schwingungen. Körper und Seele bildeten eine Einheit mit der himmlischen Sphäre. So wirkte »unus mundus«, eine Welt, durch und mit ihm.

Interessant erscheint uns heute, dass die primitiven christlichen Gemeinden noch keine starren Gesetze hatten, die Körper und Geist trennten. Für sie waren sie eine Einheit. Leider änderte sich diese richtig fundierte Grundanschauung im Laufe der Jahrhunderte. Die philosophische und dogmatische Theologie sowie die moralischen und ethischen Richtlinien verzerrten das ursprüngliche Bild. Es folgten Machtkämpfe, welche einen drastischen Umschwung an der früheren christlichen Anschauungsweise mit sich brachten. Das Credo, ganz besonders dasjenige der katholischen Kirche, wurde nun dogmatisch und institutionell. Der Weg des Verbotes begann.

Die katholische Kirche verkörpert aber noch heutzutage in einem gewissen Sinne die primitive christliche Gemeinde. Der Corpus mysticum kann als nützlicher Teil der heutigen Kirche betrachtet werden. Wir bilden mit dem mystischen Christus Körper eine Einheit.

Dank der Kraft und der positiven Schwingungen der Gebete können Krankheiten und Lebensschwierigkeiten überbrückt werden. Dies geschieht mit Hilfe des Corpus mysticum, der Hierarchie der Engel und unserer Verstorbenen. Es versinnbildlicht eine Form von »unus mundus«. Die Energien arbeiten im gegenseitigen Energieaustausch. Gläubige fühlen sich nicht einsam, denn sie sind mit der Harmonie und Wärme der sichtbaren und unsichtbaren Welt verbunden.

Bereits im Alten Testament und auch später wurde das Konzept der Engel, das dem Schutzgeist entspricht, als etwas Natürliches angesehen.

Jeder von uns ist von guten Geistern und von beschützenden Engeln umgeben. Leider hat unsere materialistische Welt die spirituelle Seite vernachlässigt. Sie misst diesen Helfern wenig Bedeutung zu und scheint zu vergessen, dass Satan als Gegenmacht überall zu finden ist. Wir sollten bewusst im Gleichgewicht leben, so dass wir nicht die Opfer von bösen Geistern werden.

8. Das Wassermannzeitalter (New Age) und die universellen Religionen

Das Wassermannzeitalter hat die Grenzen der kosmischen und universellen Religionen gesprengt. Die Menschheit gibt sich mit der heutigen Kirchenstruktur nicht mehr zufrieden. Sie will sich von den institutionellen und dogmatischen Fesseln befreien. Nach Statistiken haben sich bereits 40 Millionen Katholiken von der Kirche gelöst. Die Menschen wollen ihre »innere Kirche« selber finden oder suchen den Weg der Erleuchtung bei andern Religionsformen oder Sekten.

Bis heute wird in der katholischen Kirche der Körper als Gefängnis der Seele betrachtet. Schönheit und Ausstrahlung werden dem Himmel geopfert. Glücklicherweise kehren wir heute zu den Spuren des frühen, primitiven Christentums zurück.

Verschiedene Klöster öffnen nun ihre Tore weltlichen Leuten. Östliche Meditation und Yoga sowie die klösterliche Ruhe bringen dem Suchenden Licht und körperliches und seelisches Gleichgewicht. Die verlorengegangene Lebensenergie kehrt durch das Gefühl der immerwährenden Liebe und des Friedens zurück.

Wie Christus waren auch andere Religionsgründer von einer übergrossen, göttlichen Lebenskraft erfüllt. Die Heilungen und Wunder zeigen, dass sie ein Übermass an Chi-Energie besassen. Wie die Geschichte lehrt, hatten alle grossen Erleuchteten gegen die dunkle Welt des Übels und der Dämonen zu kämpfen. Offenbar haben böse Geister eine objektive Existenz, denn sie können für unbestimmte Zeit einen menschlichen Körper sich zu eigen machen.

Jesus und andere geistige Führer konnten dank ihrer ungewöhnlich grossen Chi-Energie verzweifelten Menschen helfen. Sie wirkten zu ihrer Zeit wie Ärzte oder Psychoanalytiker, indem sie alle Krankheitskomplexe herausfanden. Ihr Fluidum und ihre Ausstrahlung linderten Schmerzen und besänftigten das Stöhnen der Gequälten.

Diese Heiligen konnten ihre Ausstrahlung auch in der Worttherapie anwenden. Instinktiv verstanden sie den geistigen, seelischen und körperlichen Energiefluss ins Gleichgewicht zu bringen. So berührten sie Verzweifelte mit der Hand, und augenblicklich trat Genesung ein.

Ihre unsichtbare Kraft wirkte wie ein Magnet. Sie zog Anhänger an, welche die Erleuchteten umringten und berührten, um damit Gesundheit und Glück zu erlangen. Natürlich hatten die Gläubigen unbegrenztes Vertrauen. Nur dadurch war es ihnen möglich, ein »mystisches Teilhaben« des menschlichen Unbewussten hervorzurufen.

9. Böse Geister

Die Besessenheit von bösen Geistern ist nicht nur auf primitive Völker beschränkt, das kann auch zivilisierten Personen widerfahren. Psychologisch gesehen, erscheint der Autonome Komplex auch im Bewusstsein von denen, die intellektuell sehr kultiviert sind. In dieser Beziehung würde ich die folgenden Sätze lieber als Zeichen von Selbstsucht betrachten:

»...diejenigen, deren irdische Interessen oberflächlich waren, die beherrscht wurden von Stolz, Eitelkeit, Gier, Ehrgeiz und Selbstsucht, werden nach dem Übergang (Tod) in der Erdsphäre solange zurückgehalten, bis diese Tendenzen überwunden sind und sie sich durch den Dienst an anderen zu Liebe und Mitgefühl entwickelt haben. Häufig haben Seelen, die ihr Leben im Streben nach Freude und weltlichem Zeitvertreib verbrachten, die Realisation eines höheren Lebens erreicht...«[44]

Wir sollten unsere psychophysische Energie im Gleichgewicht halten und uns bewusst sein, dass die Materie wohl zu unserem Leben gehört, nicht aber dessen Hauptziel ist. Eine extreme materielle Besitzgier verschafft eine Leere im emotionalen Bereich. Menschen, die in krankhafter Weise ihre Besitztümer anhäufen, leben ohne inneres Gleichgewicht und Frieden. Da die Lebensenergie nicht ausgeglichen ist, führt dies zu psychophysischen Krankheiten. Es kann vorkommen, dass sie von schlechten Geistern in Besitz genommen werden. Da der festgehaltene Reichtum nicht mit andern geteilt wird, bleibt auch das langersehnte Glück fern.

Es ist natürlich sehr wichtig, mit der Materie umgehen zu können, und dies sollte eigentlich von Kindheit an erfolgen. Wichtig ist vor allem, dass das Gleichgewicht zwischen Materie und geistiger Welt nach den kosmischen Gesetzen verstanden und angewendet werden sollte.

Gehört der Machtkomplex auch zu der negativ bestrahlten Welt?

Um den Machtkomplex in Grenzen zu halten, sollte er nur bewusst angewendet werden. Sonst wirkt er wie übermässiger Drogenkonsum, man wird süchtig! Leider können wir solche Szenarien jeden Tag nicht nur in der Weltpolitik verfolgen, sondern auch im täglichen Leben. Es ist ein tief verwurzeltes menschliches Problem. Vom energetischen Gesichtspunkt aus gesehen, ist die Lebenskraft dann blockiert.

Um in kosmischem Einklang zu leben, müssen wir auf unsere innere Stimme hören und sie respektieren. Unseren Träumen und Phantasien sollten wir auch mehr Beachtung schenken. Aktive Imagination fördert unser Yin- und Yang-Gleichgewicht. Dies erlaubt uns, den Lebensweg im Frieden und in Gottes Liebe zu beschreiten.

II. Teil
Der Heilungsprozess

1
TRÄUME

1. Erster wichtiger Traum

Bevor ich mit meiner Forschungsarbeit anfing, hatte ich folgenden wichtigen Traum :

Ich bin auf der Terrasse eines grossen Hauses. Dr. Baumann ist bei mir. Wir sprechen über die Dissertation. Ich lenke seine Aufmerksamkeit auf mein besonderes Interesse, nämlich einen Bienenstock, und zeige ihm die Königin, die ihre kleinen Bienen liebevoll umsorgt wie eine Mutter. Das grosse Haus, in dem wir sind, gehörte Jung, jetzt ist es von einem Koch gemietet, der es verschmutzen lässt. Jungs Frau ist im Hause. Sie weint. Ich schaue in ihr Gesicht und bin überrascht, weil ihre Nase krumm ist. Eine Frau mittleren Alters will Jungs Frau küssen, aber sie wendet angewidert ihr Gesicht ab.

Durch meinen Traum verstand ich, dass meine Forschungsarbeit und später ein Buchprojekt nicht allzu philosophisch niedergeschrieben werden sollten, denn Jungs Haus ist von einem Koch gemietet. Meine Assoziationen zu diesem Koch sind eher praktischer, kreativer Natur: Er mischt seine Gefühle und Emotionen in mehr instinktiver Art zu einem vollkommenen, ausgezeichneten Mahl.

Während dieser Zeit achtete ich auch auf meine Phantasien und inneren Stimmen, die mir in verschiedenen Träumen den Weg wiesen. Wir dürfen nicht übersehen, dass der Koch in der Küche arbeitet. Symbolisch ist sie das Zentrum unserer Gefühle und Emotionen. Deshalb wollte ich mein Unbewusstes tiefer erforschen, dort liegen Gefühle und kreative Kräfte verborgen.

In einem Bericht über die vier englischen Seminarien von C.G. Jung, welche er im Oktober und November 1932[46] hielt, sprach er über die Manipura-Chakra:

»Das Manipura-Feuer ist eine Art Küche, so, wie der Magen die Küche des Leibes ist, wo mit dem Blute geheizt wird und wo die Speisen zubereitet werden. Man kann sagen, dass das Kochen einen Teil der Verdauung vorwegnimmt... Die Küche ist der Magen des Hauses, das alchemistische Laboratorium, in dem die Dinge verwandelt werden. In den Chakra bedeutet manipura das gleiche. Auch hier wird durch Feuer eine Verwandlung bewirkt, und über dem Zwerchfell, im nächsten Zentrum, finden wir ein ganz neues Element: die Luft.«[47]

Jung fährt fort:

»Manipura, das Zentrum der Emotionen, liegt bei dem Plexus solaris. Es ist das erste Zentrum im Bereich unseres Bewusstseins. Bei den meisten Naturvölkern ist das Psychische im Unterleib lokalisiert... Wir bekommen von gewissen Emotionen sogar Magenverstimmungen oder Gelbsucht. Auch die meisten Symptome der Hysterie sind Störungen in den Funktionen des Unterleibs.«[48]

Hara bedeutet im Japanischen das Zentrum der Gefühle und Emotionen. Dasselbe trifft auf das Sonnengeflecht und die Manipura-Chakra zu. Dieses Kapitel erklärt in einem tieferen Sinne das Energiezentrum, wo Geist und Materie ihren Sitz haben und sich in reiner alchemistischer Verschmelzung finden.

Auch wird im bekannten Buch »Hara« von Karlfried Graf Dürckheim folgendes beschrieben:

»Hara heisst buchstäblich Bauch. Für die ganze Bauchregion haben die Japaner auch die Worte fukubu und onaka. Onaka heisst wörtlich ›die würdige Mitte‹ und ist das Wort für Bauch, wie es Kinder und das gewöhnliche Volk gebrauchen. Hara, fukubu und onaka bedeuten, grob ausgedrückt, die ganze Region vom Magen (in Japan ›i‹) bis zum Unterleib. Das, was unter dem Nabel liegt, heisst kikai und spielt eine Rolle in Verbindung mit tanden, dem Punkt etwa zwei Fingerbreit unterhalb des Nabels, dem Schwerpunkt, wie er im entfalteten Hara gepflegt wird.«[49]

»Hara, wörtlich übersetzt ›Bauch‹, meint also tatsächlich auch den physischen Unterleib - doch diesen ›gibt es‹ im nur körperlichen Sinn ausschliesslich in der Leib und Seele trennenden Sicht des Ichs! In Wahrheit ist Hara der ganze Mensch in seiner Verbundenheit mit den ernährenden und erneuernden, lösenden und verwandelnden, empfangenden und austragenden und die ›(Neu-)Geburt‹ vorbereitenden Wurzelkräften des ursprünglichen Lebens. Hara als ›Ort‹ ist der Raum der mütterlichen Einheit des Lebens.[50]

Eine grosse Menge Energie wird im Hara gespeichert. Diese Chi-Kraft fliesst zu Kopf, Armen, Beinen und allen Körperteilen. Das Strömen breitet sich sehr konzentriert und kräftig vom Hara ausgehend aus. Es soll den Energiestrom überwachen und gleichmässig zu den nahezu 700 verschiedenen Akupunkturpunkten verteilen, die über den ganzen Körper verstreut sind.

Poetisch gesprochen, wirkt Hara wie eine Sonne, und die Akupunkte sind die Planeten am Firmament. Die Strahlung der kosmischen Kraft vermindert sich im Körper, wenn jemand an einer organischen oder nichtorganischen Krankheit leidet. Ist seine volle Lebenskraft danach wiederhergestellt, kann auch die Energie wieder ungehindert fliessen.

Eine Blockierung des Plexus solaris oder der Manipura-Chakra stoppt die Ausstrahlung von Bioenergie zum Kopf. Folgen wir dazu Jungs Interpretation einer Patientenzeichnung:

»Weibliche Gestalt, welche die Baumkrone trägt, befindet sich in sitzender Stellung, was eine Verschiebung nach unten andeutet. Die schwarze Erde... befindet sich... in ihrem Leibe als schwarze Kugel, und zwar in der Gegend des manipurachakra, welches mit dem plexus solaris koinzidiert. (Die alchemistische Parallele hierzu ist der sol niger, die schwarze Sonne.) Das will soviel heissen, als dass das dunkle Prinzip, beziehungsweise der Schatten, integriert wurde und jetzt als eine Art Zentrum im Leibe empfunden wird. Möglicherweise hängt die Integration mit der eucharistischen Bedeutung des Fisches zusammen: Das Essen des Fisches bewirkt eine participation mystique mit dem Gotte. Der Baum ist von vielen Vögeln umflattert. Insofern der Vogel als Luftwesen den beschwingten Gedanken veranschaulicht, müssen wir aus dieser Darstellung schliessen, dass in dem Masse, in welchem der Mittelpunkt nach unten verschoben wurde, die menschliche Gestalt sich von der Gedankenwelt löste, und infolgedessen kehrten die Gedanken zu ihrem natürlichen Zustande zurück. Mensch und Gedanke waren zuvor identisch, wodurch ersterer von der Erde abgehoben wurde, wie wenn er selber ein Luftwesen wäre, und letzterer hatte die Freiheit seines Fluges verloren, da er das Gewicht eines ganzen Menschen schwebend erhalten musste.«[51]

Mancher mag sich fragen, wo nun das Zentrum der Chi-Energie ist. Im Orient liegt das Energiezentrum nicht im Kopf, wie man in Europa annimmt, sondern im Bauch.

Jung war immer sehr aufgeschlossen für die beiden verschiedenen Ansichten, wie wir in seinem Buch »Die Dynamik des Unbewussten« lesen können :

»Gewiss nehmen wir an, unsere Gedanken seien im Kopf, aber schon bei den Gefühlen werden wir unsicher, denn sie scheinen eher die Herzregion zu bewohnen. Die Empfindungen sind vollends über den ganzen Körper verteilt. Unsere Theorie ist zwar, dass der Bewusstseinssitz im Kopf sei. Die Puebloindianer aber sagten mir, die Amerikaner seien verrückt, weil sie dächten, ihre Gedanken seien im Kopf. Jeder vernünftige Mensch denke doch im Herzen. Gewisse Negerstämme haben ihre psychische Lokalisation weder im Kopf noch im Herzen, sondern im Bauch.«[52]

Die Alchemie zeigt uns, wie der psychologische Faktor der Lebensessenz arbeitet. Der Energiekörper stellt die Hauptkraft dar. Er dient dazu, das individuelle Leben zu entwickeln, nicht nur im psychischen, sondern auch im physischen Sinne. Der Mensch wird durch diese Umwandlung zum Homo totus, zum vollkommenen Individuum.

Die schmutzige Küche im Traum sagt aus, dass wir das genaue Energiezentrum finden müssen, denn dieses bestrahlt den ganzen Körper. Wenn wir unsere »Küche« aufräumen, dann wird unser Energiefluss bereinigt, und die Blockaden verschwinden.

Im Traum versinnbildlicht Jungs Frau das Erosprinzip der analytischen Psychologie. Diese sollte mit dem

Egobewusstsein im Einklang stehen. Im Erosprinzip sind auch Gefühl, Emotionen und Empfindungen des Unbewussten enthalten. Es ist das Gegenteil des Logosprinzips (Verstand).[53]

Im allgemeinen weisen Leute, die nur auf das Logosprinzip konzentriert sind, einen Mangel an Eros (Gefühl) auf. Oft haben sie Kopfschmerzen, Magenkrämpfe, Magenbrennen wie auch andere psychosomatische Symptome. In schweren Fällen kann es sogar zu Herzinfarkten kommen. Es besteht ein Ungleichgewicht zwischen Kopf und Bauch beziehungsweise zwischen Denken und Fühlen. Da keine Harmonie im »menschlichen Baum« herrscht, besteht ein enormer Konflikt, der sich organisch manifestiert.

Man könnte sagen, dass die unbewusste Psyche in völliger Dunkelheit lebt. Da das Unbewusste nicht mit dem »Ich« verschmolzen ist, bleiben die Probleme im Hara stecken. Dort entsteht eine grosse gefühlsmässige Blockade.

Die Gefühlslage hat teilweise stagniert. Durch die Hilfe der Psychoanalyse und der Traumdeutung kann dem Patienten sein Unbewusstes erklärt und ans Licht gebracht werden. Probleme erscheinen klarer und bewusster. Im Laufe der Analyse wird die Lebensenergie stärker, wächst, und die psychosomatischen Symptome bilden sich langsam zurück.

Oft fragt man sich, ob die Psychotherapie wirklich notwendig ist. Die Gesprächstherapie vermag durchaus eine positive aufbauende Energie zu vermitteln. Jedoch wird ein sehr negativ eingestellter Patient viele unbewusste Probleme auf seinen Psychoanalytiker projizieren. Damit wird er dessen positive Energie aufsaugen.

Es ist deshalb verständlich, dass Therapeuten, die nur psychische Behandlungen machen, am Abend körperlich ermattet sind. Das zeigt, dass die psychophysische Energie als Ganzes wirkt.

Man ist sich allgemein zu wenig dessen bewusst, dass Ärzte und Psychotherapeuten Zeit und Entspannung brauchen, um sich vom starken negativen Einfluss ihrer Patienten zu erholen. Andererseits können Therapeuten, deren Individuationsprozess noch nicht genug fortgeschritten ist, die negative und die positive Energie ihrer Patienten abzapfen. Sie identifizieren sich sogar manchmal mit dem Leiden ihres Patienten und haben gleichzeitig Angst davor, sie zu behandeln.

Es gibt selbstverständlich Ausnahmefälle. Meistens findet ein Austausch von positiver, konstruktiver Energie zwischen Analytiker und Analysand statt, der für beide heilsam und befriedigend ist. Ob dies nun im positiven oder negativen Sinne geschieht, es ist manchmal schwer zu entscheiden, wer der Analytiker und wer der Patient ist! Das einzig sichere Zeichen, den Unterschied zu finden, ist, wer wen bezahlt!

Es wäre wünschenswert, dass heutzutage jedem, wenn nötig, ein guter Psychotherapeut oder Psychiater zur

Seite stehen würde, die seinen Problemen Gehör schenken und ihm helfen, sie zu lösen. Symbolisch gesehen, können wir Hara und Kopf mit einem blühenden Baum vergleichen. Die Wurzeln entsprechen dem Hara (Plexus solaris) und die Blüten dem Kopf.

Wir können annehmen, dass das Zentrum des Ichbewusstseins (das Männliche) im Kopf sitzt und dass die unbewusste Psyche (das Weibliche) sich als Selbst im Hara konzentriert, im Sonnengeflecht. Das Jungsche Konzept von »Anthropos« (Chên-Yên) stimmt zweifellos in voller Harmonie mit Wurzeln und Blüten des menschlichen Baumes überein. Aus energetischer Sicht sollte die Bahn der unbewussten Energie mit derjenigen der Psyche verbunden sein. Dies erlaubt eine freie Zirkulation des Safts zwischen Wurzeln und Krone.

Nun folgt ein Jung-Zitat, welches ich bereits im ersten Teil dieses Buches erwähnte, als ich das Konzept der Chi-Energie im Sinne von C.G. Jung erläuterte. Hier komme ich nochmals darauf zurück, um die Beschreibung des Heilungsprozesses zu erweitern.

Jung äussert sich über den »Philosophischen Baum« wie folgt:

»Sie (die ›prima materia‹) ist der in der Dunkelheit verborgene Chên-Yên, der ganzheitliche Mensch, der durch die vernünftige und korrekte Lebensordnung bedroht ist, das heisst, die Individuation wird dadurch behindert oder auf Abwege gedrängt. Das Ch'i, die

Quintessenz (das rosafarbene Blut der europäischen Alchemie), lässt sich nicht ›zurückhalten‹, das heisst, das Selbst drängt darnach, sich zu manifestieren, und droht das Bewusstsein zu überwältigen, was schwerwiegende Folgen nach sich zieht. Diese Gefahr ist für den westlichen Adepten besonders gross, denn seine historische Erziehung in und durch die imitatio Christi führt ihn direkt dazu, das Ausschwitzen der Seelensubstanz beziehungsweise des rosafarbenen Blutes in Analogie zu Christus sogar als seine Aufgabe zu betrachten.«[54]

Die krumme Nase von Jungs Frau sagt aus, dass die Intuition noch nicht gut entwickelt ist, denn die tiefe Sphäre des Unbewussten kann nicht erfasst werden. Dies entspricht dem archetypischen Reich. Das Erosprinzip (Gefühl) und die Intuition sollten sich mit der Empfindung und dem Verständnis ergänzen. Wenn das männliche Logosprinzip (Verstand) zu stark ausgeprägt ist, dann ist die Person extravertiert. Dadurch verliert sie den Zugang zu ihrer inneren Realität und hört zuwenig auf ihre innere Stimme.

Die heutige analytische Psychologie ist zu sehr auf die äussere Realität gerichtet. Dadurch werden die Introversion, die schöpferischen Kräfte und die innere Welt vernachlässigt. Da es an Tiefe fehlt, wird die Psychologie zu oberflächlich.

Aus diesem Grunde weint Jungs Frau im Traum. Die vier Grundfunktionen sind die Empfindung, das Denken, das Fühlen und die Intuition.[55] Sie sollten harmonisch zusammenwirken, so dass sich der Mensch als Homo totus (ganzer Mensch) entwickeln kann. Dies zeigt an, dass viele in der analytischen Psychologie Arbeitende das Anthroposprinzip nicht begriffen haben.

Leider gibt es auf unserem Planeten wenige Leute, bei denen alle Funktionen im Einklang stehen! Intellektuelle oder Beamte, um nur einige wenige zu nennen, sind hauptsächlich Denk- und Empfindungstypen. Sie führen ein extravertiertes Leben, und ihre innere Welt ist nicht ausgeglichen.

Als Gegensatz dazu sind Künstler meistens sehr introvertiert. Sie haben die Fähigkeit, ihre schöpferischen Inspirationen, ihre Phantasien zu konkretisieren. Wenn aber die Empfindung nicht genügend entwickelt ist, dann fehlt der praktische Sinn zur Erfüllung der täglichen Aufgaben. Oft haben sie auch Angst vor der äusseren Realität und ziehen sich in ihre vier Wände zurück. Wir sehen, dass das Logosprinzip im täglichen Leben ein sehr ausgeglichenes Ego verlangt.

Die Bedeutung des Individuationsprozesses, der im Mittelpunkt der Jungschen Psychologie steht, ist nicht nur auf den Patienten anzuwenden, sondern genauso auch auf den Therapeuten.

Es gibt Analytiker, die den Sinn von »Anthropos« nicht ganz verstehen. Sie konzentrieren sich zu sehr auf das Ichbewusstsein, mit dem sie ihre Patienten analysieren wollen. Es fehlt die Realisation des Selbst, damit wird das »Anthroposkonzept« nur ganz einseitig gesehen, und die Bioenergie wird nicht voll zwischen Wurzel und Krone integriert.

Wenn der Egokomplex nicht im Einklang mit der Selbstverwirklichung steht, dann können sich die schöpferischen Kräfte nicht frei entfalten. Unglücklicherweise verfügen viele Menschen in unserer Mitte nur über Empfindungs- und Denkfunktionen. Sie sind Extrovertierte, die nur das Materielle verherrlichen. Gerade sie sollten nach ihrem inneren Garten forschen. Es ist gut möglich, dass solche Leute ihre Lebenskraft hinter einem Machtkomplex verstecken. Selber betrachten sie sich als stark und rechtschaffen. Da sie aber ihr Selbst nicht integriert haben, ist ihre eigentliche Lebensenergie nicht stark vorhanden.

Ein weiterer wichtiger Punkt ist die »Königin Mutter« der Bienen, die die Quintessenz dieses Traumes versinnbildlicht. Der Honig ist für unsere Gesundheit lebenswichtig, denn er gibt uns neuen Antrieb und Lebenskraft und ist fast vollkommen von Unreinheiten befreit. Ferner enthält er die Kraft von unzähligen Blüten und wird bis auf die höchste Stufe veredelt. Im Körper wirkt die Honig-Quintessenz harmonisierend.

Jung schreibt darüber folgende prägnante Sätze: »Im Honig, der ›Süsse der Erden‹, erkennen wir leicht den ›spiritus corporalis‹, den Lebensbalsam, der alles Lebendige, Grünende und Wachsende durchdringt. Darin drücken sich psychologisch Daseinsfreude und Lebenstrieb, die alles Hemmende und Dunkle ausscheiden und überwinden, aus. Wo frühlingshafte Freude und Erwartung herrschen, kann der Geist wohl Natur und Natur den Geist umarmen.«[56]

In C. Kerényis Buch finden wir folgende Beschreibung über den Honig: »Bienen hatte man oft in Höhlen gefunden, ehe sie gezüchtet wurden. Sie waren mit ihrer süssen Speise die natürlichsten Ammen für ein göttliches Kind, das in einer Höhle geboren und dort verborgen gehalten wurde. Diese von der Natur gebotene archetypische Situation wurde im griechischen Mythos von Zeus eingenommen. Die Bienen boten den Menschen die grundlegende Süsse des reinen Daseins - des Daseins der Kinder im Mutterleib - durch ihren Honig.«[57]

Cirlot schreibt darüber: »Wir sollten uns bewusst sein, dass die ägyptische Bienen Hieroglyphe für die königliche Namengebung ausschlaggebend war. Dies war zum Teil darauf zurückzuführen, dass diese Insekten über die gleiche königliche Organisation verfügten und dass ein spezieller Zusammenhang bestand mit den Ideen der Industrie, der kreativen Aktivität und des Reichtums, welche die Honigproduktion verbindet. Im Gleichnis von Samson (Richter 14, 8) erscheint die Biene im gleichen Sinne. In Griechenland symbolisierte sie Arbeit und Gehorsam. Gemäss einer delphischen Tradition war der zweite, in Delphi errichtete Tempel von Bienen erbaut worden.«[58]

Darum hat das Symbol der Bienen einen paramedizinischen, heilenden Hintergrund. Unsere tägliche Arbeit hat in einer modernen Form Ähnlichkeit mit der alchemistischen Umwandlung. Das Konzept einer unsichtbaren, allumfassenden Medizin ist ein Ausdruck, den Jung von Gerard Dorn übernommen hat. Es ist ausserhalb von Zeit und Raum und ist mit der ewigen Energie verbunden.

2. *Zweiter Traum*

Bevor ich mit dem Studium der Jungschen Psychologie anfing, verstand ich theoretisch die vier Grundfunktionen Fühlen, Denken, Empfindung und Intuition. Aber um Psychoanalytiker zu werden, wollte ich wissen, wie sie harmonisch miteinander wirken. Durch meine langjährigen akademischen Studien war ich sehr vom Intellekt geprägt. Zuallererst, schien es mir, musste ich mein nicht sehr ausgewogenes Gefühl und meine Intuition entwickeln. Nach meiner Ankunft in Zürich wollte ich ein besseres Verständnis zu Menschen aller möglichen Schichten gewinnen. Es lag mir nicht daran, mich in intellektuellen Kreisen zu bewegen. Um meine Gefühlssphäre zu entfalten, gefiel es mir, ab und zu in meiner Freizeit im Niederdorf, in Zürich, zu schlendern. Dabei trat ich oft in typische Restaurants ein, um die Leute zu beobachten, ihren Gesprächen zuzuhören und daran teilzunehmen. Nach diesen für mich so ungewöhnlichen Abenden beobachtete ich den Verlauf meiner Träume.

Als ich langsam den Zugang zu meiner Gefühlswelt fand, entwickelte sich auch meine Kreativität. Gleichzeitig schien aber all mein erarbeitetes Wissen in einem Nebel zu entschwinden. Oft fragte ich mich, wo wohl meine intellektuellen Fähigkeiten waren. Aber meine unbewusste Welt war sehr gegenwärtig und aktiv geworden. Im Laufe der Monate nahmen meine Träume an Intensität zu. Daraus konnte ich einen unermesslichen inneren Reichtum schöpfen. Der nachfolgende Traum versinnbildlicht, durch das Symbol des Fisches, wie ich meinem Selbst begegnete.

Ich war in einer wunderbaren Grotte, in der Nähe des Meeres. Sie sah aus wie die blaue Grotte von Capri. Ich stand auf einem Felsen, die Atmosphäre war ruhig, das Wasser war sehr blau und klar. Niemand war dort, nur ich und die Natur. Ich fischte, und dabei angelte ich einen grossen Fisch. (Dies symbolisiert in der analytischen Psychologie das Selbst.)

Ich empfand diesen Traum als ein Durchschreiten eines Tunnels. Am Ende des Tunnels schien sich meine Persönlichkeit zu öffnen. Ich fand mein Selbst. Von diesem Traum an begannen meine vier Funktionen einheitlich zu arbeiten. Mein Denken war mit dem Gefühl in Einklang, meine Intuition mit meinen Empfindungen im Egobewusstsein verschmolzen.

2

PARAMEDIZIN

1. Aspekte der Paramedizin[59]

In den letzten Jahren wurde das Interesse an holistischer Medizin immer grösser. Der Markt wird mit esoterischen Büchern überflutet. Die Leser sind verwirrt und wissen nicht mehr, welche Richtung sie einschlagen sollen.

In den neuen Heilmethoden werden die Bio- oder Lebensenergietherapien oft angewendet. Heutzutage spielen auch die Akupunktur und die Akupressur eine grosse Rolle.

Zu der Bioenergietherapie ist zu sagen, dass sie am ehesten dem natürlichen Heilungsprozess entspricht. Der Energiefluss des Körpers wird mit den Händen des Therapeuten aktiviert. Der Heilungsprozess kann auch durch die Psyche mittels Traum- und Phantasieanalysen beschleunigt werden. Wichtig ist zu wissen, dass Wortschwingungen gute Heilungskomponenten enthalten, die auf den Patienten wirken. Die Psyche wird günstig beeinflusst, wenn die Lebensenergie des Körpers durch eine gezielte Behandlung aktiviert wird.

Der Heilungsprozess gibt ein Gefühl der Wärme in den Gliedmassen. Die Schmerzen verschwinden, eine wohlige, angenehme Müdigkeit und ein schwebender Zustand treten ein.

Bei einigen Patienten kann Nervosität eintreten, oder Schmerzen flackern wieder auf. Diese Reaktionen sind von Fall zu Fall verschieden, denn sie sind sehr stark vom Energiekörper und vom Lebensfluss des einzelnen abhängig.

Körper und Seele haben wechselseitige Wirkungen. Verspürt ein Kranker starke Schmerzen, so wird seine Psyche auch in Mitleidenschaft gezogen, da er sich höchst wahrscheinlich in einer depressiven Phase befindet. Wenn er sich psychoanalysieren lässt, kann dieser Zustand Jahre dauern. Leider wissen nicht alle Patienten, dass langfristige Analysen für körperbedingte Depressionen nutzlos sind. Wählen die Kranken hingegen Körperenergietherapie, so fühlen sie sich schon nach kurzer Zeit gesund, aktiv und voller Kraft. Der depressive Zustand ist vollständig verschwunden.

Ungelöste Probleme, die das Unbewusste belasten und endogene Depressionen hervorrufen, können hingegen bis zu einem gewissen Grade mittels Psychoanalyse behandelt werden.

Parapsychologie und Paramedizin haben beide mit Phänomenen des Zusammenwirkens zwischen Psyche, Geist und Materie zu tun. In Telepathie, Psychokinese, Telekinese, ASW (aussersinnliche Wahrnehmung) usw. scheint der psychische Aspekt über die Materie zu dominieren. In Akupunktur und Akupressur dagegen fallen für Patient und Therapeuten mehr die materiellen und körperlichen Erscheinungen auf, die sie begleiten.

Die psychische Realität manifestiert sich im wesentlichen durch den Körper, ebenso wie psychische Kommunikation über Körperkontakt vor sich geht. Der Unterschied zwischen einer solchen Behandlung und einer andern besteht darin, dass der therapeutische Effekt als ein psychischer angesehen wird, selbst wenn die Kommunikation via Körper geht.

Dagegen glaubt man in der klassischen westlichen Medizin, dass ein Medikament oder eine physiotherapeutische Behandlung nur im körperlichen Sinne wirkt.

Nach meiner Ansicht sollte die herkömmliche Medizin ihren Horizont etwas ausdehnen. Damit würde sie sich mehr in Richtung Paramedizin bewegen und den dauernden Strom von Energie zur Kenntnis nehmen. Ich hoffe, dass diese Art von Lebenstherapie im Lauf der Zeit mehr Anhänger finden wird, um die vielen Opfer übermässiger Pharmakotherapie zu retten.

Hier möchte ich die Wirkung des Energiefeldes des unsichtbaren Körpers während der Behandlung etwas tiefer erläutern.

Das Wassermannzeitalter hat sicher dazu beigetragen, das Verständnis der unsichtbaren Welt zu aktivieren. Es ist bemerkenswert festzustellen, dass die Leute jetzt nicht nur mit dem Verstand, sondern auch mit dem Gefühl zu verstehen lernen. Gemäss humanistischer Psychologie waren Ratio und Gefühl immer in einer Einheit verbunden, um sich im vollkommenen Menschen (Homo totus) zu vereinen.

Das Verständnis wird nicht nur mit der Ratio gesteuert, sondern mit dem Gefühl. So entstehen eine Befreiung und eine Ausdehnung des Energieflusses. Diese stimulieren Körper und Seele und bewirken ein umfassendes Glücksgefühl.

Patienten mit psychologischen Schwierigkeiten, wie Schatten-, Animus-, Anima-, Partnerschafts- und Eheproblemen, leiden gewöhnlich unter einer Blockierung des Energieflusses. Hier wäre eine Sprech- und Körpertherapie angezeigt. Der Therapeut muss seine Fragen gezielt stellen, um die obenerwähnten unbewussten Probleme seines Patienten ans Licht zu bringen.

Manchmal dauert eine solche Therapie lange, denn die Blockaden sind im Unbewussten lokalisiert. Es ist von Vorteil, Traum und Phantasieanalysen zu tätigen. Um die innere Welt zum Ausdruck zu bringen, sind Malen, Modellieren, Meditation, Ausdrucks- und Sakraltanz und aktive Imagination nützliche Hilfskomponenten.

All diese Aktivitäten geben Körper und Seele den nötigen Halt. Die Lebenskraft fliesst harmonisch und einheitlich im Energiekörper. Somit steigt die psychische und physische Kraft des Kranken.

Gewöhnlich haben neurotische Patienten, welche in der dunklen Seite ihrer unbewussten Welt leben, eine lange Rekonvaleszenzzeit. Manchmal ist die Einnahme von Medikamenten, um Suizidversuche zu vermeiden, zu empfehlen. Es wäre auch angezeigt, stark Manisch-Depressive in eine Klinik einzuweisen. Diese sollte aber die Patienten nicht unnötig lange zurückhalten, sondern nach Hause gehen lassen, wenn sie es wünschen.

Es wäre ratsam, dass Patienten, welche klassische schizophrene Merkmale aufweisen und auch Stimmen hören, Medikamente nehmen. Sie benötigen viel Ruhe und Schlaf. Wenn sie die medizinischen Richtlinien genau befolgen, werden ihre Symptome langsam verschwinden.

Nach einigen Wochen, wenn das Flüstern der inneren Stimmen verstummt ist, der psychische Zustand sich gebessert hat und die Patienten keine Selbstmordgedanken mehr hegen, sollten sie die Klinik verlassen. Wichtig ist, dass sie sich in einer liebe- und verständnisvollen Familienatmosphäre bewegen können. Dann wird der Weg zurück zum normalen Leben leichter sein. Die Chi-Energie beginnt langsam wieder harmonisch und normal zu fliessen, und sie fühlen sich befreit.

Zu lange Klinikaufenthalte erschweren die Rückkehr ins normale Leben. Der Individuationsprozess dieser Kranken muss auch respektiert werden, denn sonst besteht die Gefahr, dass sie noch immer an das Sanatorium angenabelt sind. Dieses übernimmt nämlich die Schutzfunktionen der Grossen Mutter.

Schizophren Kranke sollten als menschliche Wesen behandelt werden. Der Wert ihrer Persönlichkeiten muss respektiert und aufrechterhalten werden. Wir sind uns leider nicht bewusst, dass das Wort Schizophrenie im täglichen Gespräch nicht richtig angewendet wird.

Unter dem paramedizinischen Aspekt kann die Schizophrenie als eine neue kosmische Herausforderung im Erfassen der Persönlichkeit des Patienten betrachtet werden.

Schizophrene haben ein grosses Bedürfnis, ihre Kreativität zu offenbaren. Unglücklicherweise scheint die Schulmedizin sich nicht bewusst zu sein, dass diese Kranken über einen unermesslich reichen himmlischen, kreativen Quell verfügen. Ihre Talente könnten entdeckt und unterstützt werden. Dies würde erlauben, auf den unnötigen Pillenkonsum zu verzichten. Die Lebensenergie könnte so in neue Bahnen geleitet werden.

Das Hören von Stimmen könnte auch positiv ausgewertet werden. Der kosmische Kanal, der Zugang zu der unsichtbaren Welt, wird geöffnet und könnte als nützliche Informationsquelle dienen. Wir dürfen nicht vergessen, dass solche Kräfte auch im künstlerischen Sinne, sei es in der Malerei, Bildhauerei, im Modellieren, sehr gut zum Ausdruck kommen könnten.

Ist dies nicht der Fall, wird der Patient immer schwächer, verliert das Interesse am Leben, und die Eingliederung in die Gesellschaft wird somit verhindert.

Unter dem paramedizinischen Gesichtspunkt sind Schizophrene auch von bösen Geistern besessen, die moderne Medizin anerkennt aber dieses Phänomen nicht. Die Ausbrüche können brutal, zerstörend und manchmal gefährlich sein. In rationaler Weise versucht man zu erklären, was im Patienten vorgeht. Die Ärzte verschreiben starke Mittel und Spritzen. Leider werden in gewissen Ländern noch immer Elektroschocks verabreicht. Die davon Betroffenen erholen sich nie mehr von den erlittenen Hirnschäden.

Ich bin der Meinung, dass ein guter Exorzist durchaus in der Lage ist, Kranke von bösen Geistern zu befreien. Ein talentierter Schamane ebenso. Dämonen erschrekken im allgemeinen, wenn Exorzisten mit heiligen Ritualen am Werk sind. Sie werden früher oder später den Körper des Schizophrenen verlassen.

Alles hängt davon ab, ob der Kranke sich überhaupt einer solchen Prozedur unterziehen will oder nicht. Es kann hart und vor allem kostspielig sein. Im weiteren ist es manchmal doch fraglich, ob der böse Geist den Körper wirklich für immer verlassen wird.

Es wäre angezeigt, den familiären Hinter- und Verhaltensgrund solcher Patienten zu untersuchen. Natürlich ist es äusserst wichtig zu wissen, ob auch die Vorfahren unter derselben Krankheit litten.

Der Befund sollte im kosmischen Lichte begutachtet werden, denn dies erlaubt, das Schicksal in eine bessere Zukunft zu verwandeln.

2. Die Behandlung im paramedizinischen Sinne

Hier möchte ich Ivan Illichs Buch »Medical Nemesis« erwähnen: Es ist erstaunlich, wie gefährlich Medikamentensucht sein kann. Ich wähle unter vielen interessanten Kapiteln »Die pharmazeutische Invasion« aus.

»Es bedarf gar nicht der Ärzte, um die Drogen einer Gesellschaft zu medikalisieren. Auch ohne ein Zuviel an Krankenhäusern und medizinischen Ausbildungsstätten kann eine Kultur Opfer einer pharmazeutischen Invasion werden. Jede Kultur hat ihre Gifte, ihre Heilmittel, ihre Plazebos und ihre rituellen Vorkehrungen für deren Anwendung. Diese sind überwiegend nicht für die Kranken, sondern für die Gesunden bestimmt. Stark wirksame medizinische Drogen zerstören leicht die historisch gewachsene Struktur, die das ausgewogene Verhältnis jeder Kultur zu ihren Giften regelt, für gewöhnlich fügen sie der Gesundheit mehr Schaden als Nutzen zu, und schliesslich begründen sie eine neue Einstellung, die den Körper als eine von mechanischen Bedienungsknöpfen betriebene Maschine auffasst.«[60]

Täglich können wir neue Opfer der modernen Pharmakotherapie beobachten, nicht nur auf physischem, auch auf psychischem Gebiet. Folge von übermässigem Medikamentenmissbrauch sind nicht nur Organschäden (Niere, Magen usw.), sondern manchmal auch schwere Depressionen, begleitet von einer hohen Selbstmordrate.

Hier möchte ich Prof. L.S. Dereskey zitieren. Er schreibt, dass die Psyche nicht nur von Psychopharmaka, sondern auch von anderen Medikamenten beeinflusst wird. Einige seiner eindrucksvollsten Feststellungen erschienen in »Wissen, Forschung, Medizin»:

»Was immer der Grund von Schlaflosigkeit sein mag; die mögliche Toxizität des verwendeten Schlafmittels stellt ein nicht zu unterschätzendes Problem dar. Nach langzeitigem Gebrauch von Barbitursäure enthaltenden Medikamenten können - um im psychischen Bereich zu bleiben - folgende Gefahren drohen: Charakterveränderungen mit Reizbarkeit, Ängstlichkeit, Streitsucht und Unruhe, Gedächtnisstörungen, Nachlassen des Urteilsvermögens, Verblödung, Verwirrung, Halluzinationen und echte Psychosen.

Psychische Nebenwirkungen sind bei Digitalis- und Strophantinbehandlung nicht zu beweisen, obwohl der Wirkung dieser Stoffe oft ein nörglerisches Verhalten und ein ängstlicher, depressiver Zustand zugeschrieben werden. Zur Behandlung der Blutdruckkrise ist besonders Phentolamin (Rigitin) in Gebrauch. Folge einer Überdosierung sind hier psychomotorische Erregungserscheinungen. In leichteren Fällen bestehen nur Schlafstörungen und allgemeine innere Unruhe. Ist der Erregungszustand ausgeprägter, so kommt es zu hypomanischen und manischen Zuständen, bei entsprechend disponierten Kranken zu schizophrenieartigen Symptomen.«[61]

Die Heilungs- und Energietherapie im Sinne des New Age wird im Laufe der nächsten Jahre viel mehr Anhänger gewinnen. Die Menschen verstehen je länger, desto mehr, dass der enorme Pillenkonsum ihnen nie die ersehnte Heilung bringen kann. Tabletten wirken nur für eine gewisse Zeitspanne gegen Schmerzen. Nebeneffekte sind in der Nierenregion besonders spürbar. Gewöhnlich machen die Ärzte den Patienten nicht darauf aufmerksam, dass Medikamente die Psyche beeinträchtigen. Diese Tatsache wurde nun schon während Jahren beobachtet.

Eine meiner Patientinnen litt unter grossen Schmerzen, die sie nicht mehr länger ertragen konnte. Sie flehte ihren Arzt an, ihr Cortison zu verschreiben, und musste im Laufe der Jahre zu immer höheren Mengen Zuflucht nehmen. Die Schmerzen nahmen zu, Hände, Gesicht und Glieder schwollen an. Zufällig hörte sie von Lebensenergietherapie und unterzog sich ihr auch. Es dauerte aber Monate, bis sich die Energien im Körper normalisierten und sie genas.

Es ist sehr schwer, Patienten zu behandeln, welche über Jahre oder über Jahrzehnte hinweg Pillen schluckten. Der Energiefluss im Körper ist deutlich verlangsamt und unharmonisch. Die kalten Extremitäten beweisen immer, dass der energetische Strom blockiert ist.

Wenn sich ein Patient einer Lebensenergietherapie unterzieht, muss er den Pillenkonsum absetzen, sonst kann dies starke Reaktionen auslösen. Auch können Schmerzen und depressive Stimmungen vermehrt auftreten. Es ist wichtig, diesen Aspekt zu verstehen, denn die Pharmakotherapie bewirkt das Gegenteil der Lebensenergietherapie.

Patienten, welche an Polyarthritis oder Polyarthrose erkrankt sind (diese Krankheiten sind medizinisch schwer zu behandeln), können auch mit der Vitalkraft behandelt werden. Diese Therapie ist sehr wirksam, denn dadurch werden die Blockaden im Körper harmonisiert. Es bedeutet auch, dass diese Kräfte wie Batterien arbeiten. Der Heilungsprozess hängt auch in grossem Masse von der Nahrung ab. Fleisch, Käse, Milchprodukte, starke Gewürze, Alkohol müssen vermieden, das Gewicht muss kontrolliert werden.

Dann wird die Bioenergietherapie wirkungsvoll sein. Sobald die Schmerzen nachlassen, fühlt sich der Patient glücklich, befreit und mit dem Kosmos, wie in einer »participation mystique«, vereint. Das ist eine Form der Kristallisation vom Unus mundus.

Diese dynamische Selbstrealisierung ist die Quintessenz der eigenen Lebens-Heilkraft. Sie aktiviert den Heilungsprozess. Dies beweist auch die Vereinigung zwischen Himmel und Erde. Es ist der Nukleus und die Essenz der Einwelt.

Denken wir an Jung, wie er schrieb: »himmlische Substanz, die im menschlichen Körper verborgen liegt«, und »im Menschen eingeprägte Imago Dei«.

3. Psyche und Materie im paramedizinischen Feld

Man kann in der psychosomatischen Medizin den Zusammenhang zwischen Psyche und Materie verfolgen. Aus meiner Sicht ist das nur zu erklären, wenn man die archetypische Konstellation berücksichtigt. Das weicht sicherlich vom traditionellen Gesichtspunkt in der psychosomatischen Medizin ab.

Marie-Louise von Franz schreibt darüber folgendes:

»Und doch weisen alle Spuren darauf hin, dass auch eine aktuelle Beziehung zwischen dem Psychisch-Unbewussten und den physikalischen Erscheinungen besteht. Diese scheint erstens eine statistisch-kausale Verbindung zu sein, insofern eine Interactio oder wechselseitige Beeinflussbarkeit nachweisbar ist. Körperliche Zustände beeinflussen die Psyche, und umgekehrt können rein mentale Vorstellungen die Physis verändern. Solche wechselseitigen Einflüsse können statistisch formuliert werden, eine Forschungsarbeit, welche die psychosomatische Medizin bereits begonnen hat. Nun scheint aber darüber hinaus eine weitere Beziehung zwischen Psyche und Materie zu bestehen, welche für den heutigen Rationalismus einen Stein des Anstosses darstellt, weil sie in das bisher gültige wissenschaftliche Weltbild nicht passt.«[62]

Tatsächlich bezieht die paramedizinische Sichtweise die psychosomatische Medizin mit ein, weil Psychologie, speziell die Tiefenpsychologie, sehr eng mit dem archetypischen Bereich eines Patienten verknüpft ist. Ein Patient möchte zum Beispiel nur von einem Arzt mit der gleichen Wellenlänge behandelt werden. Dann wird nach mehr oder weniger langer Zeit sein Symptom verschwinden, und er ist geheilt.

Dank der Funktion des Gefühls können wir wirklich den archetypischen Bereich des Unbewussten erreichen und dadurch einen Austausch von physischer und psychischer Energie bewirken. Jede Art von medizinischer Behandlung schliesst auch eine gewisse archetypische Situation im Unbewussten des Patienten mit ein, was vom rationalen Standpunkt aus sicher schwer zu verstehen ist. Dennoch muss die Existenz des Energiekörpers anerkannt werden, selbst von westlicher Medizin. Das würde zu einer Bereicherung für beide, westliche und östliche Medizin, führen.

Die irrationalen Kräfte sollten in den Augen eines Arztes nicht geleugnet werden. Die Tiefenpsychologie anerkennt seit langem schon diese Phänomene in Form von Träumen und gewissen Phantasien. Die physische Krankheit ist als das tatsächliche Spiegelbild vom psychischen Geschehen in der archetypischen Welt zu betrachten. Deshalb ist Chi nicht nur eine psychische Kraft, sie erreicht auch physische Dimensionen.

4. Ansichten der westlichen und östlichen Medizin

Als gutes Beispiel für die verschiedenen Ansichten westlicher und östlicher Medizin möchte ich Dr. Felix Mann, einen ausserordentlichen Akupunkteur des Westens, zitieren:

»Wenn ein Patient, selbst ein westlicher Arzt, krank war und sich dann wieder erholt, wird er sagen: Ich fühle mich besser, ich habe wieder mehr Energie. Wird derselbe Arzt dann gefragt, was Energie eigentlich ist (Chinesisch Qi), so wird er wahrscheinlich antworten, dass es so etwas gar nicht gibt. Ein Widerspruch - und gleichzeitig auch keiner!

Aus der Sicht westlicher Medizin entsteht Krankheit durch gestörte biochemische Prozesse im Körper. Bei Kaliummangel beispielsweise ändert sich die Biochemie im Körper, und der Patient fühlt sich neben anderen Symptomen schwach. Energie kann nicht direkt gemessen werden, sondern nur als Nebenerscheinung in verminderter Muskelkraft wahrgenommen werden. Der orientalische Arzt hingegen betrachtet Energie als etwas

Primäres und Reales. Wenn sie fehlt, entsteht Krankheit. Ein westlicher Arzt denkt hauptsächlich an biochemische Prozesse im Körper, die erst in zweiter Linie einen Einfluss auf die Energie haben. Physiologische Fachliteratur sieht das Konzept von biologischer Energie nicht als etwas Grundlegendes an.

Beide Ansichten sind nur teilweise widersprüchlich. Sie sehen das Leben von zwei verschiedenen Standpunkten aus an. Viele Theorien in der chinesischen Medizin beschreiben, was der Patient fühlt. Er empfindet Energieunterschiede, und oft spürt er etwas entlang seiner Meridiane. Westliche Ärzte schliessen dagegen oft die Gefühle ihrer Patienten aus und messen statt dessen Blutserum, Hämoglobin, Fettwerte usw.«[63]

Offenbar rührt Krankheit nicht nur von chemischen Substanzen im Körper her, sondern vor allem von einer Unausgeglichenheit im psychisch-geistigen Bereich des Patienten. Medikamente sind rein materielle, es fehlt jede geistige Energie. Deshalb hat ein Patient keinerlei Chance, davon die nötige Kraft zur Genesung zu bekommen.

Früher gab es in der Familie den alten Hausarzt, der Gefühl, Intuition und Verständnis für die ganze Situation seines Patienten hatte. Er gab im allgemeinen nur wenig Medikamente, weil er überzeugt war, dass sich ein Mensch aus eigenen Kräften wieder erholt. Demgegenüber ist die moderne Schulmedizin zwar sehr weit fortgeschritten, aber sie lässt wenig oder gar keine Zeit für persönliche Gespräche, und sie berücksichtigt die unbewussten, gefühlsmässigen Zusammenhänge nicht.

Unglücklicherweise wird in solchen Fällen die Behandlung länger dauern. Die Patienten mögen sich zwar von ihrer Krankheit erholen, aber weil die psychischen Probleme nicht angesprochen wurden, wird wahrscheinlich im Laufe der Zeit eine neues Leiden auftreten, oder sie werden depressiv. Die meisten Patienten werden den Mangel an unbewusst mitschwingendem Mitgefühl und Verständnis des tiefen Lebenssinnes spüren.

Besonders ausgeglichene Ärzte oder Psychotherapeuten sind nicht gezwungen, eine bestimmte schematische oder rationale Theorie anzuwenden. Es ist ein Risiko, alle Patienten in das moderne Computersystem zu pressen.

5. Das Heilen durch Schamanen und Medizinmänner

Die hoch sensitiven Schamanen und Medizinmänner stehen immer mit der göttlichen Energie in Verbindung. Diesen Kanal benutzen sie, um die körperlichen und seelischen Krankheiten zu heilen.

Interessant ist es, die Heilweise von Naturheilern zu beobachten, wie etwa auf den Philippinen, in Afrika, im Tibet und bei den Indianern. Sie ziehen jedes Jahr mehr Patienten an. Der Prozentsatz an Geheilten ist relativ hoch. Dazu können wir auch das Phänomen von Arigo rechnen, der Patienten mit Hilfe von kosmischer Kraft heilte.

Gerade bevor er durch einen Autounfall starb, wurde der als Arigo bekannte Bauer in seiner Heimat Brasilien zur Legende. Der ungebildete Heiler behauptete, von der weisen Stimme eines längst verstorbenen Arztes, den er nie persönlich gekannt hatte, geführt zu werden. Er sah mehr als 300 Patienten täglich, diagnostizierte und behandelte sie innert Minuten. Er behandelte beinahe jedes Leiden, und die Mehrheit seiner Patienten blieben nicht nur am Leben, sondern ihr Zustand verbesserte sich, oder sie wurden völlig geheilt.[64]

Nicht nur unter Heilern, auch unter Ärzten und Psychotherapeuten finden wir solche, die festes Vertrauen in die Heilung ihrer Patienten haben. Diese werden von dem Glauben angesteckt und gesunden rascher. Dieser Glaube kann im streng herkömmlichen, religiösen Sinn nicht erklärt werden. Alle Menschen, die diese geistige, irrationale und instinktive Stärke besitzen, können den Glauben an ihre Heilung haben.

Diese Einstellung zu erklären gehört in den paramedizinischen Bereich. Deshalb können Patienten, die Vertrauen und Glauben zu ihrem Arzt haben, geheilt werden. Solche stark irrationalen Faktoren sind in gewissem Sinn geistiger Natur und stehen in Verbindung mit der kosmischen Kraft.

Ärzte und Patienten, die miteinander arbeiten, empfinden diese göttliche Kraft und tauschen sie gegenseitig aus. Ärzte sollten die primitive, archaische Energie spüren, die Schamanen, Medizinmänner und Menschen mit paranormalen Fähigkeiten besitzen.

6. C.G. Jung und die Medizin des Selbst

Wir sollten nun Jungs Gedanken über das Funktionieren des transzendentalen, psychologischen Hintergrundes in der Medizin verfolgen. Ich glaube, es war seine Absicht, dass jeder Arzt diesen engen Kontakt mit der archetypischen Welt haben sollte. Die heutige Medizin kann nicht von der Tiefenpsychologie getrennt werden, die immer einen transzendentalen Hintergrund hat. Von dort kommen die Ausstrahlung und die psychophysikalische Energie.

Das »Mysterium Coniunctionis«, das ich als Jungs Hauptwerk ansehe, enthält mehrere Zitate von Gerhard Dorn, einem Schüler von Paracelsus. Er sagt folgendes über die universale Medizin:

»Sucht das unverderbliche Heilmittel, welches die Körper nicht nur aus dem Zustand der Verderblichkeit zu der wahren Beschaffenheit (temperamentum) wandelt, sondern auch die (so) beschaffenen (temperata) auf längste Zeit bewahrt. Solche Medizin könnt ihr nirgendwo anders finden als im Himmel. Denn der Himmel durchdringt, erzeugt und ernährt durch unsichtbare Strahlen, die im Mittelpunkt der Erde von überall her zusammenlaufen, alle Elemente und was aus ihnen entstanden ist.«[65]

Diese göttliche Inspiration und Denkweise ist dieselbe in Ost und West. Es verwundert nicht zu erfahren, dass die Idee einer universalen Medizin immer existiert hat, seit Beginn der Menschheit. Erst die Kritik der Rationalisten hat die Ausbreitung der Idee von universaler Paramedizin behindert. Unsere moderne Medizin ist insofern begrenzt, als sie eher auf das Ich-Bewusstsein gerichtet ist, damit missachtet sie die Medizin des Selbst, das zur archetypischen Welt gehört. (Ich sehe das Selbst hier als Heiler an.)

Darum ist die zeitgenössische Medizin gespalten. Die Ausstrahlung und Energie, die von der Unendlichkeit in unsere Welt von Zeit und Raum fliesst, können sie nicht erkennen. Jung schreibt über das Unus-mundus-Konzept, die Vereinigung von empirischer und archetypischer Welt, folgende prägnante Sätze:

»Zweifellos beruht die Idee des Unus mundus auf der Annahme, dass die Vielfältigkeit der empirischen Welt auf der Grundlage einer Einheit derselben beruhe, und dass nicht zwei oder mehrere prinzipiell geschiedene Welten zusammen existieren oder miteinander vermengt seien. Vielmehr gehört nach dieser Ansicht alles Getrennte und Verschiedene in eine und dieselbe Welt, die allerdings nicht sinnenfällig ist, sondern ein Postulat darstellt, dessen Wahrscheinlichkeit durch die Tatsache erhärtet wird, dass es bis jetzt nicht gelungen ist, eine Welt zu entdecken, in welcher die uns bekannten Naturgesetze ungültig wären.«[66]

Jung äusserst sich ferner in »Mysterium Coniunctionis«:

»Wenn nun Dorneus den dritten und höchsten Grad der coniunctio in einer Vereinigung oder In-Beziehung-Setzung des Adepten, der das caelum hergestellt hat, mit dem Unus mundus erblickt, so würde dies, psychologisch ausgedrückt, in einer Synthese des Bewusstseins mit dem Unbewussten bestehen. Das Resultat dieser Verbindung oder Gleichsetzung ist theoretisch unanschaulich, indem eine bekannte Grösse mit einem x kombiniert wird, praktisch aber ergeben sich daraus ebenso weitreichende Veränderungen des Bewusstseins, wie die Atomphysik sie in der klassischen Physik verursacht hat.

Welcher Art die Bewusstseinsveränderungen sind, die Dorneus vom dritten Grade der coniunctio erwartet, das lässt sich nur indirekt aus der von dem ›Adepten‹ verwendeten Symbolik feststellen. Was er als caelum bezeichnet, ist, wie wir gesehen haben, eine symbolische Antizipation des Selbst. Daraus kann man schliessen, dass die damit angestrebte Verwirklichung des ganzen Menschen einmal als Heilung organischer oder psychischer Leiden aufgefasst wurde, indem das caelum als eine medicina universalis... bezeichnet wird.«[67]

Von Jungs Konzept her gesehen, können wir die psychosomatische Medizin nicht aus dem zeitgenössischen Medizinalbereich ausklammern. Aus diesem Grunde übt die Medizin des Selbst und des kollektiven Unbewussten einen grossen Einfluss auf die jungsche psychosomatischen Medizin aus.

Darum ist die menschliche Psychologie und Medizin nicht auf die empirische Welt beschränkt. Sie hat ebenso eine enge Beziehung zur transzendenten Sphäre, die von Zeit und Raum völlig unabhängig und dauernd vom göttlichen Chi umgeben ist.

Ich möchte dieses Kapitel mit der Hypothese der Paramedizin abschliessen, dass die Einheit von Himmel und Erde eine Notwendigkeit ist und dass das Schicksal der Menschheit auch in diese Einheit einbezogen werden muss.

3

IST DAS SELBST DER WIRKLICHE HEILER?

1. Was ist das Selbst?

Jung schreibt den folgenden interessanten Abschnitt über dieses Thema:

»...Das Selbst als Ganzes der Persönlichkeit, die ›heilende‹, nämlich ganzmachende Medizin, welche sogar von der modernen Psychotherapie anerkannt wird, die Verbindung ein mit der geistigen, hochzeitlichen Liebe, ausgedrückt durch den Rosmarin... All dies wird mit der blauen Quintessenz, der aus dem trägen Stoffe ausgezogenen anima mundi, und dem der Welt eingeprägten Gottesbilde, einem durch Kreisbewegung erzeugten Mandala, vereinigt, das heisst, der ganze, bewusste Mensch wird dem Selbst überantwortet, also jenem neuen Mittelpunkt der Persönlichkeit, welcher das bisherige Ich ersetzt.«[68]

Darüber möchte ich kurz folgendes anbringen:

Die Verwirklichung des Jungschen Selbstkonzeptes hat einen wirksamen Einfluss auf den Individuationsprozess. Als dessen Folge werden psychische und körperliche

Leiden langsam vergehen. Das Kriterium der Krankheit beschränkt sich nicht auf den Körper, sondern fängt eher mit der Zerstörung der Ganzheit an.

Das Selbst, wie Jung sagte, ist ein Symbol für Christus, Tao und Atman. Die Lebenskraft strömt von diesem ewigen Quell, denn es ist eine Offenbarung der göttlichen Gegenwart. Nichtsdestoweniger müssen wir gewahr sein, dass das Selbst in unserem Unbewussten lebt, denn es versinnbildlicht den Kern unserer eigenen Persönlichkeit. Demzufolge liegt das Selbst ausserhalb von unserem rationellen Denken und steht mit unserem ethischen, moralischen und dogmatischen Konzept nicht in Verbindung.

Analysieren wir die traditionelle, christliche Theologie, so stellen wir fest, dass Christus tatsächlich einen ausserordentlich starken Energiekörper hatte. Da er ein höheres Wesen war, kann seine göttliche Natur als kosmisch strahlende Kraft angesehen werden, die Wunder bewirkte.

Wollen wir unserem Selbst begegnen, müssen wir in unsere unbewusste Welt eindringen. Nehmen wir einen Rationalisten, der grosse Schwierigkeiten empfindet, seine innere Realität zu finden, denn er ist zu extravertiert. Sein Denken ist viel zu sehr auf sein Egobewusstsein fixiert. Aus diesem Grunde ist er ausserstande, die irrationalen Seiten des menschlichen Wesens zu erfassen. Demzufolge ist sein Gefühl zu wenig stark entwickelt, und diese Unfähigkeit blockiert die Wahrnehmungen seiner unbewussten Sphäre.

Zu der äusseren Erscheinung des Rationalisten sei bemerkt, dass er trocken und hart wirken mag. In ganz schlimmen Fällen hat er kein Körperbewusstsein, da sein »Kopfdenken« vorherrscht. Sehr wahrscheinlich leidet er noch immer an den Rückkopplungen einer strengausgerichteten Erziehung.

Nun können wir verstehen, dass die Gefühlswelt eines Rationalisten unterentwickelt ist. Psychologisch spricht man von einer Undifferenziertheit. Solche Personen werden leicht zu Pseudospiritualisten. Man kann auch beobachten, dass es mit weiblichen Bezugspersonen zu Blockaden kommt. Die undifferenzierte Anima wird durch die »Nigredo« (Dunkelheit) des Unbewussten geschwärzt.

Warum fürchten sich solche Männer vor Frauen? In erster Linie ist zu beachten, dass ihre »innere Weiblichkeit« dunkel und negativ aspektiert ist. Aus diesem Grunde wird die Partnerschaft zu einem grossen, ungelösten Problem. Vielleicht fürchten sich diese Männer, von »Eva« verführt zu werden, und sind für deren Schönheit blind. Oft sind sie unfähig zu lieben.

Es ist wohl möglich, dass diese Personen eifrige Kirchgänger sind, denn sie kompensieren die fehlende, weibliche Person in einer übermässigen Anbetung der Jungfrau Maria. Unwissend projizieren sie sich in den Archetypus des ewigen Weiblichen. Dieses Gebaren wird Agape oder spirituelle Liebe genannt. Da sie nach keiner körperlichen Vereinigung verlangt, könnte es sein, dass die Sexualität unbewusst unterdrückt wird.

Die Einheit von Ratio und Gefühl ist für den Individuationsprozess unentbehrlich, denn sie versinnbildlicht die Essenz des Heilungsvorganges. Glückseligkeit und Liebe lodern dadurch auf, und die echte Spiritualität keimt. Die daraus resultierende Strahlung wirkt wie ein umhüllender, schützender Mantel. Was ist das Lebensprinzip von Rationalisten? Wenn es ihnen gelingt, durch ihre Phantasien und Träume ihre innere Welt zu erforschen, werden sich die Tore des inneren Selbst öffnen. Friede und Glück werden sie begleiten.

Ein guter Psychotherapeut wird dazu beitragen, dem Patienten das Gleichgewicht von Ratio und Gefühl zu geben. Nichtsdestoweniger braucht diese Umwandlung Zeit und Geduld. Bedenken wir, dass der Weg zum Gipfel voller Dornen ist. Wenn wir diesen inneren Weg beschritten haben, ist die Harmonie zwischen Verstand und Gefühl geglückt.

Unseren eigenen Schatten und seine Komplexe müssen wir bekämpfen, wenn wir unser Selbst finden wollen. Die Maske der Persona, welche die falsche Persönlichkeit darstellt, muss dabei vom Gesicht gerissen werden. Nur Mut führt uns zum Ziel.

Ein wichtiger Faktor in Jungs Psychologie ist die Verwirklichung des Selbst. Marie-Louise von Franz nennt das eine »psycho-physische Monade oder letzter Nukleus der Persönlichkeit«.[69] Dieses Selbst hat immerzu engen Kontakt mit der Sphäre der empirischen Welt, in der das Ichbewusstsein eine wichtige Rolle spielt.

Für mich scheint die Selbstverwirklichung in einem gewissen Sinn gleichbedeutend zu sein mit der Entdeckung des göttlichen Chi im menschlichen Leben. Chi wirkt ewig in Zeit und Raum, indem es sich selbst immer wieder in der Natur auffüllt.

Es ist ein grosses und wichtiges Gesetz, dass nicht nur die Harmonie von Körper und Seele des Menschen unausgeglichen ist, sondern auch Krankheiten entstehen, wenn Chi nicht kontinuierlich strömen kann.

Aus diesem Grunde ist das Selbst, wie Jung schrieb, eine heilende und allumfassende Medizin. Die blaue Quintessenz ist die Chi-Energie. Wie wir bereits im Konzept der anima-mundi gesehen haben, ist die Ausstrahlung der Ausdruck der Lebensenergie. Dieses ist wirklich der Kern unseres Selbst. Die Selbstverwirklichung mit der Heilungskraft ist der Auslöser der Kristallisation. Erst wenn dieses Ziel, die höhere Stufe der Selbstverwirklichung, erreicht ist, wird sich die natürliche Immunität gegen Krankheiten verwirklichen. Man sollte sich immer vor Augen halten, dass nur das harmonische Gleichgewicht von Körper und Seele einen guten Gesundheitszustand auszulösen vermag.

2. Der bewusste, vom Selbst umgebene Mensch

Wie wir gesehen haben, gibt uns der Individuationsprozess nicht nur psychische und physische Gesundheit, sondern auch geistiges Gleichgewicht. Darum müssen wir uns Gott als eine ewig strahlende Kraft vorstellen. Wir haben die grosse Aufgabe, die Menschen vor Problemen zu schützen, die diese göttliche Energie irreleiten.

Die Egopersönlichkeit und das Selbst sollten harmonisch miteinander verbunden sein. Dies bedeutet, dass die unbewussten Selbst, Anima-Animus und der Schatten mit dem Egobewusstsein verbunden sind. Diese enge Beziehung zwischen dem Selbst und dem Ego ist von grösster Wichtigkeit.

Die Selbstverwirklichung (oder das Heilen durch das Selbst) kann mit Disziplin, Willen und Anstrengung erlangt werden. Diese drei Tugenden stammen vom Egobewusstsein ab und bedeuten, dass die vollkommene Selbststrahlung nur durch diese funktionieren kann. Bei einem schwachen Ego werden diese drei Komponenten nicht wirken. Nur wenn eine Person gewillt ist, innerlich zu wachsen und die Schicksalsaspekte als Teil ihres Lebens anzusehen und zu akzeptieren, wird sie reifen.

Abschliessend möchte ich sagen, dass der Ichkomplex im Laufe des Selbstverwirklichungsprozesses reift, denn er steht in Verbindung mit der Kraft des Selbst. Der Heilungsprozess wird Erfolg haben, wenn der bewusste

Mensch gewillt ist, diesem Weg zu folgen. Demzufolge haben Patienten mit wenig Disziplin einen längeren Genesungsprozess zu erwarten.

3. Geistige und partnerschaftliche Liebe

Eine Partnerschaft kann nur auf der Basis des gegenseitigen Verstehens, der Anpassung und des Aufopferns gedeihen. Wenn sich egoistische Neigungen im Laufe der Zeit ebnen, wird das Zusammenleben eine harmonische Färbung annehmen. Dies bedeutet selbstverständlich auch, dass die Partner zu Kompromissen bereit sein müssen. Nur unter diesen Bedingungen wird das gegenseitige Einvernehmen sich zu einer allumfassenden geistigen Liebe entwickeln können. Menschen können nur Liebe und Frieden ausstrahlen, wenn ihre innere Welt harmonisch ist. Ihre Ausstrahlung wird von anderen erfühlt.

Ein aggressiver und tyrannischer Partner kann mit Worten seine Frau verletzen. Angst, Traurigkeit und Minderwertigkeitskomplexe werden daraus resultieren. Die innere Welt zerbröckelt, und die Lebensenergie vermindert sich. Es entstehen seelische und körperliche Leiden, Müdigkeit und eine Interesselosigkeit am täglichen Geschehen. In einigen Fällen kann es sogar zu Depressionen kommen. Durch Tabletten- und Alkoholkonsum will man die innere Leere ausgleichen. Die davon Betroffenen wissen nicht, wie ihnen geschieht, denn sie leben abgekapselt in einem Nebel. Innerhalb von Monaten oder Jahren verschlechtert sich der Gesundheitszustand. Chronische Krankheiten, Polyarthritis, Polyarthrose, Rheumatismus, sogar Krebs können die Folgen sein.

Wenn sich Ehepartner bekämpfen, dann herrschen die tiefen Instinkte vor. Da die Grenzen der Selbstverwirklichung überschritten werden, fehlt der innere Kontakt mit dem Kern der Persönlichkeit. Man verliert sein Selbst, sein Tao oder Atman.

Bereits in einem Unterkapitel dieses Buches wurde der Rationalist beschrieben, welcher nur mit der Kraft des Verstandes urteilt. Da er nicht in der Lage ist, sein Selbst zu erforschen, ist sein Auftreten arrogant, autoritär und überheblich. Sein Gefühl ist auch undifferenziert und kindisch, denn der innere Reichtum kann nicht verwertet werden. Gewöhnlich wird geprahlt, anstatt bescheiden zu bleiben. Die Einheit zwischen Verstand und Gefühl steht nicht im Gleichgewicht. Geistige Liebe wird als unilateral betrachtet.

Bei partnerschaftlicher Liebe ist der Austausch der Energien von grösster Wichtigkeit, denn die psychophysischen Energien von Körper und Seele können ins Lot gebracht werden.

Heutzutage projizieren wir sehr oft unseren eigenen Schatten auf andere. Würden wir, im Bedarfsfalle, einen guten Therapeuten aufsuchen, könnten viele unserer inneren Blockaden behoben werden. Bedenken wir aber, dass in manchen Fällen Sozialhilfsstellen zu Rate gezogen werden können.

4. Was bedeutet das der Welt eingeprägte Bild Gottes? Was verstehen wir unter einer Mandalakreisbewegung?

Chi ist das konstante Fliessen, die immerwährende Energie. Es geht vom ewigen Universum durch die Menschheit und kehrt wieder zurück zu seinem Ursprung. Ärzte und Psychotherapeuten sollten an diesem immerzu strömenden Chi teilhaben, das sie durch Meditation erreichen können.

Jung gebrauchte oft den Ausdruck »himmlische Substanz im Körper«, »dem Menschen eingeprägte Imago Dei« oder »Deus terrenus«, »Deus terrestris«.[70]

Diese Kernbegriffe zeigen, dass das göttliche Chi in der empirischen Welt wirkt. Wenn nun Ärzte oder Psychotherapeuten diese Quelle des Chi missachten, dann beginnt eine Entgeistigung der Persönlichkeit. In diesem Falle kann auch die Pharmakotherapie nichts helfen, weil die göttliche Kraft im Menschen völlig ignoriert wird. Der heutige Stress und die Frustrationen ebenso wie alle organischen Krankheiten erscheinen mir wie eine Entzweiung zwischen Himmel und Erde. So kann der Fortschritt der Wissenschaft auch einen Rückschritt des »Deus terrenus« bedeuten, und die Wissenschaft hat sich zu einer teuflischen, antigöttlichen Funktion entwickelt.

Therapie ohne Seele, wie sie heute oft praktiziert wird, hat nicht nur einen einseitigen Effekt, sondern sie entmenschlicht den Patienten auch. Die menschliche Natur kann diese Trennung von Körper und Seele nicht länger ertragen, das gilt für jede Art von Körpertherapie und sogenannter Psychotherapie, in der kein Gefühl und keine Achtung vor dem Geheimnis der Seele vorhanden ist, die in der Einheit von Körper und Geist lebt.

Die Betrachtung des inneren Mandalas ist durch unsere moderne Gesellschaftsform in Vergessenheit geraten. Unsere Energie stagniert, wenn unsere inneren Probleme nicht gelöst sind. Der Körper verkrampft sich, die Muskeln werden härter und die Nerven voller innerer Spannung. Da der Energiefluss verlangsamt ist, entstehen Ermüdungserscheinungen und ein verminderter Arbeitswille. Man möchte nichts tun, schlafen und allein sein.

Medizinische Untersuchungen ergeben keine nennenswerten Krankheiten. Der Arzt kann höchstens andeuten, dass Störungen im Bereich des vegetativen Nervensystems vorliegen. Der Patient wird an einen Neurologen oder Psychiater überwiesen. Medikamente werden in einem solchen Fall die Lebensenergie auch nicht aktivieren.

Es gibt glücklicherweise Kranke, die nach Alternativmethoden Ausschau halten. Instinktiv suchen sie den inneren Heilsweg und aktivieren so die Mandalakreisbewegungen und ihre brachliegenden Heilkräfte. Die harmonischen Kreisbewegungen der inneren Mandalablume bringen Gleichgewicht. Sie aktivieren die Lebensenergie sowie Träume, Phantasien und bringen Körper und Seele das göttliche Licht.

In der tibetischen Medizin spricht man von den Krebskranken als »von schlechten Geistern Besessenen«, da das Mandala nicht mehr vollkommen rund ist und die Energie auch nicht ihre ursprüngliche Kraft innehält.

Es wäre begrüssenswert, wenn Ärzte und Psychotherapeuten das leuchtende Mandala, mittels Meditation, entdecken und erforschen würden. Sobald sie ihre intuitiven Fähigkeiten entwickeln, verbessert sich die innere Verständigung mit den Patienten. Die Ursachen der organischen und psychischen Störungen könnten besser erfasst werden, und der Weg der Heilung wäre offen.

Alle Krankheiten sind tief im Unbewussten, in der dunklen Schattenwelt, verwurzelt. Demzufolge kann der Heilungsprozess nur dann erfolgen, wenn wir bereit sind, den Weg nach innen zu beschreiten und so unser Selbst realisieren.

Dann erst wird das Mandala in seiner vollen Kraft, wie ein Feuerwerk von tausend Sonnen am Firmament, erstrahlen.

Vielfach werde ich von Patienten gefragt, was eigentlich die Mandalarotation ist. Wenn der Lebensfluss in keinem Körperteil mehr blockiert ist, wird die Blutzirkulation aktiviert, und die Extremitäten sind warm. Es bildet sich ein geschlossener Energiekreis, welcher das Selbst in einer perfekten, leuchtenden Mandalaform umschliesst. Die Gesundheit ist durch das harmonische Pulsieren des Lebensenergieflusses wiederhergestellt.

Es gibt nur eine Kraft, eine Macht, den urschöpferischen, allmächtigen Geist, Gott. Diese allumfassende geistige Wirkenskraft ist die einzige wirkliche Substanz. Der wahre Mensch ist göttlich. Der Strahl des ewigen Lichtes lässt unser Leben mit seinem Glanz erfüllen.

Ich möchte dieses Kapitel abschliessen mit dem Grundgedanken, dass die Einheit von Himmel und Erde eine Notwendigkeit ist und dass das Schicksal der Menschheit auch in diese Einheit einbezogen werden muss.

Jung schreibt dazu:

»Die Unio mentalis stellt daher, in alchemistischer wie in psychologischer Sprache ausgedrückt, die ›cognitio sui ipsius‹, die Selbsterkenntnis, dar. Unähnlich aber dem modernen Vorurteil, dass Selbsterkenntnis nichts anderes sei als ein Wissen um das Ich, fasst der Alchemist das Selbst als eine dem Ich inkommensurable, im Dunkel des Körpers verborgene Substanz auf, welche mit der Imago Dei identisch ist. Diese Anschauung deckt sich vollkommen mit der indischen Idee des Purusha-Atman. Die psychische Vorbereitung des Magisteriums, wie sie DORNEUS darstellt, bedeutet daher einen vom Osten unbeeinflussten Versuch, eine den grossen östlichen Philosophien entsprechende Gegensatzvereinigung in die Wege zu leiten und zu diesem Zwecke ein von den Gegensätzen befreites Prinzip, dem Atman oder dem Tao ähnlich, aufzustellen. Er nennt es eine Substantia coelestis, was wir heute als ein transzendentales Prinzip bezeichnen würden. Dieses ›unum‹ ist ›nirdvandva‹ (frei von den Zweien, den Gegensätzen) wie der Atman (das Selbst).«[71]

ALLES IST IN ALLEM

IN ALLEM IST ALLES

Heilende Energie-Strahlensonne (Mandala)

Heilende Energie-Strahlensonne (Mandala)

Heilende Energie-Strahlensonne (Mandala)

4

DER HEILUNGSPROZESS
UND DIE INDIVIDUATION

*1. Wie funktioniert der Heilungs- und
Individuationsprozess?*

Die Selbstheilungskraft steht immer in der Einheit des Egobewusstseins. Es kann nur durch die Wurzeln aktiviert und ernährt werden. Die Energie muss ungehindert und harmonisch hinauf- und hinunterfliessen können. Lebt eine Person nur im materiellen Bereich, dann fehlt das Gefühl im Zusammenhang mit dem Selbst. Der äussere Reichtum steht nicht im Gleichklang mit der inneren, geistigen Welt. Das Ungleichgewicht bildet ein geistiges Chaos, und aus diesem Grund wird die Selbstheilungskraft beeinträchtigt.

In diesem Sinne können wir oft beobachten, dass solche Personen seelische oder körperliche Erkrankungen unterliegen, denn ihr Individuationsprozess ist nicht abgeschlossen.

Wenn jemand z.B seinen Machtkomplex auslebt, sind der Heilungs- und Individuationsprozess nicht aktiviert. Schauen wir uns doch Politiker an, wie sie Sklaven ihres eigenen Machtkomplexes sind, denn es fehlt am inneren

Gleichgewicht. Das bedeutet, dass ihre Selbstrealisierung weder blüht noch sich ausbreitet. Da es zu keinem Energieaustausch kommt, werden sich die Blüten nicht öffnen. Das menschliche Wesen konnte sich nicht zu seiner Vollendung entfalten.

Unsere Hemmfaktoren sind Eifersucht, Neid, Hass, negatives Denken, Geiz, materielle Gewinnsucht und die Verneinung, die positive Seite der unsichtbaren Welt anzunehmen. All diese Gründe erschweren sichtlich das Erblühen der Individuation. Die Menschen ersticken in ihren eigenen Komplexen. Sie mögen sich dessen nicht einmal bewusst sein, aber sie spüren in ihrem Inneren enorme Konflikte, die sie in den anderen als Schatten ihrer selbst projizieren.

Nun verstehen wir, warum sehr oft der Heilungsprozess blockiert ist und warum viele Menschen seelisch und körperlich krank sind. Es ist gut möglich, dass eine Krankheit ihnen den richtigen Weg zeigt. Vielleicht fragen sie sich, warum sie krank sind? Wenn sie dann auf ihr Leben zurückblicken, werden sie verstehen, dass sie nicht immer richtig gehandelt haben. Das gewandelte Egobewusstsein wird die Pforten des besseren Verstehens ihrer Mitmenschen öffnen. Nun mögen sich die Blüten des Lebensbaumes voll öffnen.

Im weitern sei hervorgehoben, dass in der ehelichen Partnerschaft der Individuationsprozess für das geistige Wachsen unentbehrlich ist. Weist der Ehemann egoistische, egozentrische, kindische Züge auf, so hat er unweigerlich einen versteckten Mutterkomplex. Sein psychisches Wohlbefinden ist sichtlich unausgeglichen.

Im Laufe eines Ehelebens sind viele Hindernisse zu bewältigen. Sie können unerwartete psychische oder materielle Schwierigkeiten auslösen. Im allgemeinen sollten aber gerade solche Probleme die Partnerschaft festigen. Die Ehefrau kann leicht das »Opfer« eines aggressiven, launischen Ehemannes werden, der seinen negativen Charakter auf sie projiziert, oder umgekehrt.

Vielleicht wird die Ehefrau - oder der Ehemann - die Flucht ergreifen, oder sie bleiben im Heim und errichten um ihre Persönlichkeit eine Schutzmauer. Sie erdulden eine grosse nervliche Belastung zum Wohle ihrer Kinder, wenn solche vorhanden sind, oder aus Furcht vor sich selber, dem Ungewissen und dem Neuen.

Während der Zeit dieses psychischen Leidens kann sich die häusliche Stimmung zum Unerträglichen steigern und die Partner in tiefe Depressionen stürzen. Wenn sie solchen Ängsten ausgeliefert sind, können leicht neurotische Symptome und organische Leiden auftreten wie Magenschmerzen, Herzrhythmusstörungen, Polyarthritis, Gebärmutterblutungen. In diesem Fall wird sowohl der Individuations- wie auch der Heilungsprozess verlangsamt. Manchmal bringt eine Scheidung die ersehnte Gesundheit und Freiheit zurück.

Wenn später die Frau oder der Mann einem verständnisvollen Partner begegnen, welcher Liebe und Zuneigung schenkt, werden die psychosomatischen Symptome oder eine eventuelle Krankheit langsam verschwinden. Die Lebensfreude kehrt zurück, sobald der Energiekörper gestärkt ist. Das Fluidum der Vitalkraft bewirkt eine gesunde Körper und Seele, wo das Mandala einheitlich kreisen kann.

Die menschlichen Wurzeln können in der unermesslichen Energiekraft gefunden werden, welche die spirituelle Seite des Menschen versinnbildlicht. Die Gefühle werden im Laufe des Lebens auch ausgeglichen und differenziert sein. Der blühende Baum gleicht in diesem Sinne einem ewigen Frühling.

2. Das Problem des ›Puer aeternus‹ im Heilungsprozess

Um sich in das Problem des Puer aeternus, des ewigen Kindes, zu vertiefen, ist das gleichnamige Buch von Marie-Louise von Franz sehr zu empfehlen. Ich zitiere daraus:

»Im allgemeinen verbleibt ein solcher Mann, der sich mit dem Archetypus der puer aeternus identifiziert, zu lange in der Adoleszentenpsychologie, d.h., alle Charakterzüge, die für einen Jugendlichen von siebzehn, achtzehn Jahren normal sind, werden ins spätere Leben übernommen, und dies ist zumeist mit einer grossen Abhängigkeit von der Mutter gepaart. Die beiden typischen Störungen des Mannes, der einen ausgeprägten Mutterkomplex hat, sind nach Jung Homosexualität und Don-

Juanismus. Im letzten Fall wird in jeder Frau das Bild der Mutter gesucht - das Bild der vollkommenen, fehlerlosen Frau, die dem Mann alles gibt. Er sucht nach einer Göttin, und jedesmal muss er in der Beziehung zu einer Frau entdecken, dass sie nur ein gewöhnliches menschliches Wesen ist. Nach dem ersten sexuellen Kontakt mit ihr verschwindet die ganze Faszination, und er wendet sich enttäuscht ab, um sein Idealbild auf eine andere Frau zu projizieren. Er sehnt sich ständig nach der mütterlichen Frau, die ihn in ihre Arme schliesst und alle seine Bedürfnisse befriedigt. Das Ganze ist oft von romantischem, jünglingshaftem Verhalten begleitet.«[72]

Eine zu grosse Mutterbindung seitens eines Mannes deutet auf eine schwache Männlichkeit hin, denn das Logosprinzip fehlt. Meistens leiden solche Männer unter einem Ungleichgewicht im seelisch-körperlichen Bereich. Dadurch entstehen Stauungen und Verkrampfungen, und die sexuellen Energien sind blockiert.

Im allgemeinen hat der Puer aeternus eine unterentwikkelte Empfindung. Sein Problem kann mit der Kraft des Egokomplexes verglichen werden, denn seine seltsamen Phantasien projiziert er in einen utopischen Bereich. Da seine Weltanschauung nicht harmonisch ist, fehlt ihm der Realitätssinn des Lebens. Solange er den Individuationsprozess nicht bewältigt und abgeschlossen hat, wird er sich an seine Mutter festklammern.

Homosexuelle haben keinen förderlichen weiblichen Energieaustausch. Da die Polarisation mit einem männlichen Partner nicht dieselbe ist wie mit einem weiblichen, werden die Yin- und Yang-Kräfte im Körper weder aktiviert noch stimuliert. Im weitern sind die inneren Schwingungen beeinträchtigt. Dies führt zu einer Abschwächung des Abwehrmechanismus und des Immunsystems.

3. Der Aspekt der »Grossen Mutter« in der Gesellschaft

In jedem von uns, wie auch in jedem Land, lebt das Ursymbol der Grossen Mutter. Ganz speziell in Mittelmeerländern ist das Hauptaugenmerk auf die Mutter konzentriert. Sie ist das Symbol der schützenden allumfassenden Liebe. Aus diesem Grunde ist die Abnabelung für männliche Nachkommen besonders schwer.

Dasselbe kann auch für Japan gelten. Der Anschein einer stark männlich ausgerichteten Struktur, wo Disziplin und Arbeitswille vorherrschen, mag täuschen.

Nach der mythologischen Überlieferung wurde Japan von einer mächtigen Göttin erschaffen und beherrscht. Meiner Meinung nach ist demzufolge Japan mehr weiblich geprägt und von der Grossen Mutter beeinflusst.

Nicht zu übersehen ist in der japanischen Familie die Führerrolle der Mutter. Diese nennt man »okusama«, wörtlich übersetzt heisst dies »die Frau, die im Hinterraum« sitzt. Die Mutter fungiert als Hausverwalterin und hat eine wichtige Rolle inne. Sie ist für das Wohl der

Familie vollumfänglich besorgt. Beispiel: Der Ehemann und die Kinder müssen beim Verlassen des Hauses korrekt angezogen sein!

In Japan übergibt der Gatte traditionsgemäss sein ganzes Salär der Ehefrau. Sie amtet als Finanzminister, zahlt Rechnungen und verwaltet sparsam und mit sicherer Hand das Geld. Der Mann muss sogar sein Taschengeld erbetteln! Dank dieses matriarchalischen Systems brachte es Japan zum Wohlstand.

Es ist eigenartig festzustellen, dass die japanische Firma als eine Art matriarchalische Struktur fungiert. Die Angestellten werden beschützt und gefördert. Der Direktor übernimmt die Funktion des Mediators zwischen der Firma als unsichtbares Mutterbild und dem Angestellten als »Kind«. Die Arbeitsnehmer ihrerseits widmen sich vollumfänglich und bis zur Pensionierung der Firma. Ein Vertragsbruch kommt demzufolge einer Scheidung gleich und löst unweigerlich tiefste Schuldgefühle aus.

Die übermässige Schutzfunktion, welche Gesellschaften auf ihre Arbeitnehmer ausüben, löst bei ihnen ein Abhängigkeitsgefühl aus. Es mag für uns sonderbar sein, dass die japanische Firma für ihre Angestellten auf Brautschau geht! Später organisiert sie die Hochzeitsfeier. Es gibt firmeneigene Wohnungen, Häuser, Spitäler.

Durch diesen Einblick in die soziale japanische Welt ersehen wir die versteckte Rolle der Grossen Mutter.

Das Denken ist kollektiv ausgerichtet und bremst den Individuationsprozess des einzelnen.

Nun scheinen die Japaner zu erwachen, denn sie suchen bewusster nach ihrer eigenen Individualität. Die kreativen Seiten des einzelnen sollten vermehrt gefördert werden. Auch die persönlichen Interessen und die Freizeitgestaltung müssen unterstützt werden. Es wäre wünschenswert, wenn das Projekt der Individuation der japanischen Gesellschaft sich baldmöglichst verwirklichen könnte. Dadurch würden sich die inneren Fähigkeiten des einzelnen kristallisieren.

Wir finden die gleiche, leicht modifizierte Struktur in Klöstern (christliche und buddhistische), Sekten, Kirchen. Durch das Zusammengehörigkeitsprinzip werden tägliche Bedürfnisse wie kochen, einkaufen, sich einkleiden von der Gemeinschaft übernommen. Hinter all diesen Arbeiten versteckt sich auch die Grosse Mutter. Dieses Fehlen an Verantwortung bewirkt ein unreifes und unausgeglichenes Verhalten.

Bedenken wir, was die Öffnung der Länder hinter dem eisernen Vorhang bewirkt hat. Unweigerlich wird hier an die Funktion der Grossen Mutter gedacht. Der Staat sorgte für Arbeit, Essen, Ferien. Nun bedeutet die langersehnte Freiheit harte Arbeit, um zum Überleben genügend zu verdienen. Durch das Kollektivdenken wurde die Individuation des einzelnen unterdrückt, was sich nun dramatisch und problematisch auswirkt. Die Zeit wird diese Selbstverwirklichung entfalten.

III. Teil
Die Bioenergie

1

DIE BIOENERGIETHERAPIE

1. Allgemeiner Überblick

Oft fragen meine Patienten, wie die Bioenergie[73] eigentlich funktioniert. Meine Antwort ist dann die folgende: Meine Praxis ist eine Garage, und als »Garagist« lade ich die menschlichen Batterien wieder auf. Unser Körper kann mit einer Karosserie (im Englischen »car body« genannt) verglichen werden, es gibt da mannigfaltige Automodelle. Die Batterien gehören im Gegensatz dazu alle der gleichen Art an!

Der »Karosseriekörper« kann somit mit unserem physischen und die Batterien mit dem feinstofflichen Körper verglichen werden.

Wenn unsere Energieblockaden mit Lebenskraft gespeichert werden, verschwinden sie langsam wieder, da die Gefühle freigesetzt sind. Die Patienten fühlen sich plötzlich befreit, sie lachen und scherzen. Viele davon werden neugierig und möchten den inneren Vorgang erforschen. Sie suchen und finden mit der Zeit die Quellen ihres Unbewussten, und die Mandalarotation beginnt zu kreisen.

Wenn wir den Energiefluss in unserem Körper fühlen, dann sind wir gesund, aktiv und glücklich. Wir haben einen tiefen Schlaf, und die Verbindung mit dem Kosmos wird mittels vermehrtem Träumen wiederhergestellt. Da das Denken positiv ist, wird die tägliche Arbeit mit Begeisterung und Lebensfreude erledigt.

Störungen, welche im Bereich von Kopf, Bauch und den Gliedmassen auftreten, führen zur Unausgeglichenheit des Bioenergiefeldes. Gewöhnlich tritt ein Kältegefühl in Beinen und Armen auf, verbunden mit Krämpfen und starken Schmerzen, denn sowohl die Lebensenergie wie auch die Blutzirkulation sind auf ihrem niedrigsten Stand. Durch die Einnahme von Pillen (Cortison, Voltaren etc.) verschwinden wohl die Schmerzen, die Ursache aber bleibt. Der Energiefluss könnte aber, ohne jegliche Pharmakotherapie, durch Visualisierung und Konzentrierung der eigenen gebündelten Heilkraft in die richtigen Bahnen gelenkt werden. Wenn diese nicht alleine aktiviert werden kann, ist der Besuch bei einem Bioenergietherapeuten empfehlenswert.

Zu Beginn der Therapie hat die Strahlung des Energiekörpers nur einen kleinen Radius, weil der Schmerz eine negative Stockung der Chi-Kraft bewirkt. Der Energiefluss wird dadurch aufgehalten.

Mit Hilfe des Therapeuten kann sich aber der Lebensstrom langsam wieder normalisieren und zu den Gliedmassen fliessen. Sobald das Hara-Zentrum mit den Fingerkuppen stimuliert wird, fühlt sich der Patient gelöster, und seine psychophysische Energie steigt quantitativ.

Wird die Therapie ein- bis zweimal in der Woche wiederholt, so wird der vorher ungleichmässige Energiefluss zu einem normalen, beständigen Strömen angeregt. Die Hara beginnt wie die Sonne zur Mittagszeit zu strahlen, und der Patient fühlt sich stark, gesund, voller Lebenskraft, wird dynamisch und ermüdet nicht so schnell.

2. Die enge Verbindung zwischen der Wirbelsäule und dem Plexus solaris

Die Lebensenergietherapie muss an der Wirbelsäule anfangen, weil dort die grösste Vitalkraft gespeichert ist. Nur so kann festgestellt werden, ob die Energie stagniert hat oder nicht. Gleichzeitig können die Blockaden diagnostiziert werden.

Bei starken Bauchschmerzen sammelt sich viel negative Energie im Rückgrat an. Die gleichen Symptome können bei Herz-, Bronchien- oder Asthmapatienten beobachtet werden. Grosse Energiemengen an Lebenskraft fliessen durch unsere Wirbelsäule. Unsere Gesundheit hängt in grossem Masse von deren gutem Funktionieren ab.

Zu langes, unbewegliches Sitzen bei Büroarbeiten, speziell am Computer, kann Energieflussstörungen, speziell im Bereich des Rückens, hervorrufen. Chi-Blockaden können auch durch Unfälle mit dem Fahrrad oder Auto oder durch Treppenhausstürze ausgelöst werden. Die Schmerzen treten unter Umständen erst nach Jahren auf.

Es scheint unglaubwürdig, dass ein verkrampfter Rükken keine Beschwerden verursacht, aber durch den negativen Reflex ergeben sich untragbare Schmerzen im Bereich des Sonnengeflechtes. Medizinische Untersuchungen bringen im allgemeinen keine Ergebnisse von organischen Störungen. Aus diesem Grunde sind Langzeit-Physiotherapien nicht angebracht. Erst wenn der Lebensenergiespezialist die blockierten Energien wieder in Einklang bringen kann, wird der Patient schmerzfrei sein. Es wäre von Vorteil, wenn in Zukunft einer solchen Therapie mehr Beachtung geschenkt würde. Dadurch könnten unnötige Operationen und der Missbrauch von Medikamenten vermieden werden.

Rückenprobleme scheinen ein Zeitbild der neuen Generation zu sein. Allein jeder dritte Deutsche ist von dieser »neuen Epidemie« betroffen. Auch bei einer oder mehreren Rückenoperationen bleibt der Patient im allgemeinen nur eine Zeitlang schmerzfrei.

Unharmonische Vitalströmungen im Rücken sind immer Zeichen von negativem Funktionieren im psychischen oder körperlichen Bereich. Da das Yin und Yang nicht ungehindert fliessen kann, entstehen Schmerzen.

Entschliesst sich ein so betroffener Patient zu einer Lebensenergietherapie, dann wird er mehrere Sitzungen benötigen, bis sein Körper wieder voll harmonisiert ist.

Es ist auch möglich, dass Migränen durch eine verkrampfte Wirbelsäule entstehen. Speziell wenn der Cervical-Nerv durch einen Unfall oder schlechte Sitzgewohnheiten eingeklemmt ist.

Die angewandte Heilungstherapie bewirkt, dass die Lebenskraft aktiviert wird. Nun bewegt sich der Vitalfluss verstärkt entlang der Wirbelsäule. Alle umliegenden Organe werden von der freigesetzten Energie umspült. Der Patient ist schmerzlos und fühlt sich frei und erleichtert. Die wunderbare kosmische Heilung wird Mandalarotation genannt.

Diese Beispiele erläutern, wie der kosmische Rhythmus Körper und Seele in Einklang zu bringen vermag.

Das Seelenkonzept versinnbildlicht den Energiekörper. Leider wurde die Einheit von Körper und Seele in der modernen Medizin nicht erfasst. Diese Trennung und die Therapie, welche ohne Seele verabreicht wird, erschweren und versperren manchmal den Weg der Heilung.

Der Seelenbereich wurde bis anhin von den kirchlichen Institutionen monopolisiert. Aus diesem Grunde entspricht Jungs Gedanke der »anima corporalis«, (der Einheit von Körper und Seele) der Wahrheit und sollte in die Praxis umgesetzt werden.

3. Die ewige Jugend und Lebenskraft

Bei der Behandlung mittels der Bioenergietherapie wirkt gewöhnlich auch der biokosmetische Effekt. Die Muskeln werden weicher und die Haut geschmeidiger. Durch die Aktivierung des Plexus solaris entspringt der Quell der ewigen Jugend. Die ganze Erscheinung wirkt jünger, denn die innere Schönheit strahlt und entfaltet sich durch den feinstofflichen Körper.

Ein Fehlen an persönlicher Ausstrahlung kann auch mit der besten Schminke die fehlenden inneren Schwingungen nicht ersetzen. Aus diesem Grunde sind kosmetische Gesichtsoperationen nutzlos. Jede Narbe ist ein Energiestörfaktor. Sie verursachen Schmerzen, Kopfweh, Schwellungen und Gefühllosigkeit. Nach der Operation kreist die Lebenskraft nicht mehr harmonisch im Gesicht. Eine so erlangte künstliche Verjüngung wirkt maskenhaft und währt nur eine begrenzte Zeit.

Eigentlich ist ein solcher Eingriff gegen Gottes Schöpfung, denn er zerstört die Harmonie der kosmischen Kräfte im ätherischen Körper.

Die gleichen Auslegungen gelten auch für kosmetische Brustverschönerungen. Silikon und andere Surrogate bremsen nicht nur den Energiefluss, sondern auch die Blutzirkulation. Dieses Vitalkraftungleichgewicht ist gefährlich und kann leicht zu schwerwiegenden Krankheiten frühen wie z.B. Krebs.

Amerikanische Wissenschaftler haben allgemein bestätigt, dass solche Operationen negative Auswirkungen haben. Die universellen Kräfte in unserem Körper sollten voll beachtet und respektiert sein. Leider wird dieser Bereich durch das materialistische Denken, das unser Leben beherrscht, manipuliert und von der Wissenschaft nicht beachtet. Unsere Jugend kehrt nicht zurück, aber der Energiekörper hat die ewige Jugend, denn er lebt ausserhalb von Raum und Zeit.

4. Gedanken über die heutige Gynäkologie

Ganz allgemein beobachtet man heutzutage, dass zu viele unnötige gynäkologische Operationen ausgeführt werden. Wir wissen, dass der feinstoffliche Körper in grossem Masse unsere inneren Organe günstig beeinflusst. Chirurgische Eingriffe sollten wenn möglich vermieden werden, denn sie haben einen negativen Einfluss auf das Energiefeld.

Wenn wir bedenken, dass die Lebensenergie als Heilfaktor arbeitet und unsere Organe regeneriert, begreifen wir, dass Operationen den Körper schädigen. Obwohl die heutige Medizin mit hochspezialisierter Technik arbeitet, wird die spirituelle Seite des menschlichen Wesens vernachlässigt. Es wäre an der Zeit, wenn dem Geheimnis der Natur mehr Respekt entgegengebracht würde. Auch sollte die heutige Medizin dem energetischen Körper mehr Beachtung schenken. Dieser versinnbildlicht nämlich, wie Paracelsus zu seiner Zeit bereits dozierte, den Kern der universellen Medizin. Diese Tatsache wäre wünschenswert, denn sie würde vielleicht die Augen der Ärzte öffnen und Diagnosen und Therapien verändern.

Wahrscheinlich könnten später unnötige chirurgische Eingriffe vermieden werden. Es wäre zu begrüssen, wenn in Zukunft die traditionelle Schulmedizin sich mit der humanistischen zusammentun würde, wie dies in England schon praktiziert wird. Dies verhilft zu einer Rückkehr zur Natur, denn der Mensch wartet sehnsüchtig darauf, sich in der kosmischen Einheit zu integrieren. Leider wird der Körper heute noch immer von gewissen Leuten als das Gefängnis der Seele betrachtet.

Wir mögen uns sicher fragen, warum sich so viele Frauen einem gynäkologischen Eingriff unterziehen müssen. Hat dies eigentlich einen religiösen oder einen erzieherischen Hintergrund? Warum verneinen so viele Frauen ihre Sexualorgane und betrachten sie als etwas Verbotenes? Solche Gedanken hemmen nicht nur die Lebensenergie, sondern auch die Schwingungen des Sexualchakras. Sie sollten sich bewusst sein, dass gerade diese Energie zu den stärksten zählt. Ein derartiges Verhalten kann entweder eine Überfunktion der Fortpflanzungsorgane auslösen (langwierige Blutungen) oder eine Blockierung herbeiführen. Oft wird eine verfrühte Menopause beobachtet.

Während der ersten Schwangerschaftsmonaten tritt bei vielen Frauen ständiges, nicht zu stoppendes Erbrechen auf. Manche Ärzte verschreiben Medikamente, die aber die Ursache nicht beheben. Die Bioenergietherapie hat in solchen Fällen gute und positive Erfolge gebracht. Schon nach zweimaliger Therapie verschwinden die lästigen Störungen. Die Schwangeren fühlen sich befreiter und gelöster und können wieder normal leben.

5. Die Auswirkungen der Bioenergietherapie

Ist ein Patient sehr empfindlich, wird er nach der Behandlung ein ziemliches Unwohlsein spüren. Für ein oder zwei Tage können sich seine Schmerzen eher verstärken. Doch das wird sich in relativ kurzer Zeit normalisieren, wenn die Reaktion positiv ist. Eine negative wird meistens bei ängstlichen, skeptischen oder psychisch labilen Menschen festgestellt. Es ist auch viel schwieriger, chronische Leiden zu behandeln, weil das Ausstrahlen nur sehr langsam zu seiner normalen Form zurückkehrt.

Jemand, der vollkommen mit Medikamenten vollgestopft ist, wird grosse Schwierigkeiten haben, positiv zu reagieren, denn sein Körper spricht nicht auf die Bioenergie an. Deshalb wird die Fingerinjektion von Lebensenergie durch die negative Antwort des Körpers zurückgewiesen. Wahrscheinlich besteht auch eine gewisse mystische Beteiligung zwischen Patient und Therapeut, die eine vollständige Genesung begünstigt. Das hängt jedoch sehr vom Unbewussten des Patienten ab. Es werden ungefähr 80% von ihnen geheilt.

Für Patienten, deren Energie sich nur langsam erholt, ist manchmal eine andere Behandlung angezeigt: eine verkürzte Bioenergietherapie. Dies kurbelt den Lebensfluss an und gibt den nötigen Vitalimpuls. Ein Aussetzen von zwei bis sechs Monaten zwischen den Sitzungen ermöglicht dem Körper, sich zu normalisieren und seine Lebensenergie von selbst zu stabilisieren. Wenn dann der Patient zur Therapie zurückkehrt, ist sein Körper viel gelöster, und der Energiestrom fliesst fast normal.

Oft werde ich gefragt, warum die Behandlung nur einmal in der Woche stattfindet. Ich antworte jeweils: »Ich respektiere Ihre eigene Lebenskraft!« Dem Patienten wird somit bewusst, dass sein Körper Zeit und Geduld benötigt, um den Heilungsprozess einzuleiten.

Manchmal beginnt das Unbewusste aktiv zu werden, wenn Hara angeregt wird. Die Kontrolle durch das Ichbewusstsein wird schwächer. All die verborgenen Komplexe, Ängste, Phobien und Frustrationen kommen an die Oberfläche. Auch die unterdrückte tiefe Sphäre aus dem unbewussten Reich der Kindheit wird auftauchen. So können versteckte Aggressionen gegen Eltern, Lehrer, Freunde, Vorgesetzte plötzlich unkontrolliert ausbrechen.

Die Hara-Behandlung kann auch Menschen helfen, die seelisch und körperlich gesund sind. Ihr Ergebnis ist eine viel intensivere Entfaltung des Gefühls und auch eine positive und schöpferische Phantasie. Das Unbewusste wirkt auf eine verfeinerte, zarte Weise. Dank der

Behandlung schläft der Patient fester und mit angenehmen Träumen.

6. Die Bioenergietherapie und die Ausstrahlung der Hände

Jetzt möchte ich mich der Bioenergietherapie zuwenden, welche von den Händen ausgeht. Um Körperenergie zu aktivieren, bevorzugen einige Ärzte Gold- und Silbernadeln, die sie in verschiedene Akupunkte stecken. Leider verstehen viele Akupunkturexperten den tiefen mystisch-philosophischen Sinn ihrer Behandlung nicht mehr. Deshalb können sie leicht zu kalten, technischen Praktikern werden, denen das Gefühlsmässige ebenso fehlt wie die nötige Ausstrahlung.

Zwischen Patient und Therapeut sollte ein kosmisches, gegenseitiges Verständnis herrschen, wo die universelle Einheit erspürt werden kann. Solche hohen Schwingungen beschleunigen den Heilungsprozess.

Heutzutage herrscht in der Akupunktur eine mechanisch-technische Richtung vor. Die neuerdings eingeführte Elektro-Akupunktur bringt nicht die erwarteten positiven Erfolge, weil der transzendente Hintergrund der Lebensenergie völlig übersehen wird.

Es ist wichtig, gute Akupunkteure zu finden, die innerlich gereift sind und von denen eine Ausstrahlung ausgeht. Im Vertrauen auf Körper und Seele gelingen ihnen rasche und positive Behandlungsergebnisse. Die Lebensenergie eines solchen Praktikers muss von seinen Händen durch die Nadeln in den Körper des Patienten strömen. So hängt der Heilungsprozess sehr von seiner Ausstrahlung ab.

Deshalb bringt die natürliche Methode mit direkter Berührung der verschiedenen Akupunkte durch die Hände und Fingerkuppen viel wirksamere Ergebnisse. Doch erfordert diese Art der Behandlung vom Therapeuten weit mehr Konzentration und Introversion, verbunden mit Meditation vor der Sitzung, damit er seine Einheit mit der kosmischen Kraft findet.

Robert Feldmann und Shizuko Yamamato beschreiben einen erfolgreichen Praktiker mit folgenden Worten:

»Der Praktiker ist sich der Notwendigkeit, im Laufe der Behandlung ein starkes Ki zu entwickeln und zu erhalten, voll bewusst. Im gleichen Rhythmus zu atmen wie der Patient und während der Behandlung zu versuchen, Ki auf den Punkt der physischen Berührung mit dem Patienten zu konzentrieren, sind die beiden wichtigsten Methoden, diese Polarität zu schaffen. Der Praktiker braucht viel praktische Erfahrung, um diese Techniken wirklich zu beherrschen.«[74]

Ein weiterer Grund, die Hände oder Fingerkuppen zu benutzen, liegt in der Angst vieler Patienten vor den Nadeln. Dadurch wird die innere Aufnahmebereitschaft durch psychische Kräfte gehemmt. Die natürliche

Methode hat den Vorteil von mehr Menschlichkeit und menschlichem Kontakt. Das Heilverfahren geht schneller als mit Nadeln, es erfordert jedoch vom Therapeuten eine ausgeglichene Gefühlslage und integrierte Emotionen, damit die Energie frei in den Körper des Patienten fliessen kann.

7. Das Geheimnis hinter dem Wort »Behandlung«

Die Ärzte der älteren Generation berührten ihre Patienten gewöhnlich mit der Hand, um die Krankheit zu diagnostizieren. Ich glaube, dass dabei ein gleichzeitiger Austausch von Energie die Patienten anregte. Es muss wohl wie eine mystische Einheit, ein vertrauensvolles, instinktives Verstehen gewesen sein, das zu rascher Genesung führte. Die Projektion einer Gott-Vater-Figur auf den Doktor förderte dies und weckte die innere Energiequelle im Patienten, und zwar sowohl physisch als auch psychisch.

Leider hat sich aber der Sinn von Be-»Hand«-lung in den vergangenen Jahren sehr stark geändert. Die gefühlvollen Hände sind durch hochentwickelte Instrumente ersetzt worden, die zwar technisch exakte Diagnosen liefern, aber denen es völlig an der zwischenmenschlichen Verbindung durch die Energie mangelt.

Aufschlussreich ist die Sitte des Händeschüttelns in Europa. Sie schafft eine sofortige Beziehung, so dass gegenseitiger Kontakt entsteht. Diese instinktive Geste hat ihren irrationalen Sinn: das wechselseitige Austauschen von Energie.

Hände haben auch eine sehr geheimnisvolle Bedeutung. Prof. Dr. Eckart Wiesenhütter berichtet über seine Erfahrung in einer andern Welt. Er beschreibt sein Erlebnis von der Wiedererweckung aus tiefer Bewusstlosigkeit, in der er dem Tode gegenüberstand:

»Dann trat etwas Merkwürdiges ein: Was ich als erstes von der Aussenwelt auf mich zukommen spürte, waren Hände. Es mag sein, dass ich noch zu schwach war, um etwas zu sehen und erkennen zu können, wem die Hände gehörten. Aber ich spürte Hände, Berührtwerden, Gehoben-, Getragen- oder Umgelegtwerden. Immer wenn ich (wohl auch medikamentös mitbedingt) wieder hinwegdämmerte, kamen als erstes erneut Hände auf mich zu. Seitdem haben die Hände mir begegnender Personen eine grosse, für den Fortgang einer Verbindung oft entscheidende Bedeutung für mich, ohne dass ich mir das jedesmal voll bewusst mache.«[75]

Für mich sind Hände Instrumente Gottes. Sogar der menschliche Fötus saugt im Uterus am Daumen. Wenn man diese instinktive Geste hypothetisch betrachtet, scheint es, als fliesse die Lebensenergie Chi in einem geschlossenen Kreis.

Durch unser ganzes Leben von der Geburt bis zum Tode sind Hände unsere unentbehrlichen Begleiter, sie helfen dem Kind das Licht der Welt zu erblicken, sie geben dem Sterbenden die letzte Ölung. Hände bekommen die direkte Ausstrahlung der kosmischen Welt und sind die Vermittler von Himmel und Erde.

2

BIOENEGIETHERAPIE UND KRANKENGESCHICHTEN

1. Genereller Aspekt

Nach der Beschreibung der Bioenergietherapie möchte ich noch einige Beispiele aus meiner Praxis erwähnen. Die Zeit ist gekommen um zu realisieren, dass ein Mittelweg zwischen Natur und klassischer Medizin gefunden werden sollte, der es erlaubt, keine Exzesse in der einen oder anderen Richtung zu machen.

Viele meiner Arztfreunde integrieren ihr medizinisches Wissen und ihre Fachkenntnisse in Alternativmethoden. Pharmazeutika werden nur in Notfällen verabreicht, dafür wird die Anwendung von Naturmethoden unterstützt, denn diese aktivieren und beschleunigen den Heilungsprozess. Einige dieser Ärzte haben eine Homöopathische Praxis eröffnet. Ihre Heilungsmethoden ermöglichen die harmonische und konstruktive Impulsgebung des Yin und Yang. Der Energiekörper wird somit stimuliert und ins Gleichgewicht gebracht.

Oft fragen meine Patienten, wie sie ihre Lebenskraft und ihr Immunsystem stärken können. Es gibt auf dem Markt sehr viele gute Naturmittel. Seit über zehn Jahren habe ich sehr positive Erfahrungen mit dem tibetischen Heilmittel PADMA 28 gemacht. Es hat immun- und stoffwechselregulierende Eigenschaften.

»Bei jeder Therapie gilt es, für den jeweiligen Patienten die Methode zu wählen, die mit grösster Wahrscheinlichkeit mit möglichst wenig Nebenwirkungen zeitgerecht zum gesteckten Therapieziel führt. Alternativmedizin ist nicht Aussenseitermedizin. Es geht nicht um die Wahl zwischen klassischer Medizin und Alternativmedizin. Hier geht es um die heute und morgen im Alltag praktizierte Medizin.«[76]

In unserer zivilisierten Welt benötigen wir nicht mehr diese extreme Chemotherapie, die immer wieder verabreicht wird und die Harmonie des Yin- und Yang-Energieflusses stört. Das New Age hat die Rückkehr zur Natur ermöglicht und die ursprüngliche Einheit des physikalischen (Körper) und des Energiekörpers (Seele) wiedergefunden. Es ist die einzige Möglichkeit, unser ganzes Potential in der Heilung auszuschöpfen. Die Präventivmedizin hat heute einen grossen Einfluss im Heilungsprozess.

Epidemien, tropische oder Viruskrankheiten, die immer wieder in unterentwickelten Ländern auftauchen, können aber nur mittels Arzneien bekämpft werden, da diese stärker und schneller wirken. Im allgemeinen ist der physische Körper der Bevölkerung durch jahrelange Entbehrungen, Armut, Hunger, Naturkatastrophen sehr geschwächt.

2. *Fallbeispiele aus meiner Praxis*

Aus einer Vielzahl von Krankengeschichten, da nicht alle gedruckt werden können, wurden die eindrücklichsten gewählt. Die Patientin, die hier zu Wort kommt, wurde vor 8 Jahren mit Erfolg mit der Bioenergietherapie behandelt. Sie erfreut sich bester Gesundheit und hat keinen Rückfall erlitten.

A.) Patientin X, weiblich, Alter 44. Befund: extreme Schwellungen, vor allem an Hand-, Fuss- und Knie gelenken beidseits. Diagnose: primär chronische Polyarthritis. Therapie: jahrelange Behandlung mit sog. Kombinationspräparaten, Antirheumatika, Goldspritzenkur, Cortison, Schlaftabletten. Ursachen sowie Prognose unbekannt. Ausserdem physikalische Therapien wie Massagen, Unterwasserstrahl, Wickel, diverse Diäten, Aufenthalte in trokkenem Klima etc. Alles versuchte ich. Geholfen hat nichts.

Die herkömmliche Medizin bietet zur Behandlung der rheumatischen Krankheiten nur Medikamente und Chirurgie, Linderungen, sehr effektvolle, aber äusserst gefährliche Symptombekämpfung.

Polyarthritis. Medizinisch eine chronische Krankheit. Die Schmerzen sind riesig und das Leben beschwerlich. Mit allergrösster Mühe und Not kann ich mich selber an- und ausziehen. Mit klammen Fingern und immens geschwollenen Händen halte ich zitternd meine Tasse.

Ich esse im Restaurant vegetarisch, Fleisch kann ich nur nehmen, wenn es mir jemand schneidet. Ich kann nur in die Strassenbahn steigen, wenn jemand den roten Halteknopf drückt. Meine Armbanduhr bringe ich ins Büro zum Aufziehen. Die Haare kann ich nur beim Coiffeur waschen lassen, die Telefonnummern können nur mittels eines Bleistifts, der in der Faust gehalten wird, eingestellt werden. Nägel schneiden, das ist nur noch ein Wunschdenken. Dazu diese Hässlichkeit! Ich will sie für mich behalten. Ich gehe nirgendwo hin, ziehe mich zurück. Warten und warten. Und hin- und hergehen, her und hin, endlos, hoffnungslos, jede lange schwarze Nacht, sitzend schlafen, wieder wandern, auf und ab.

Wie konnte es jedoch so weit kommen?

Zu spät wurde mir klar, dass es nicht einfach so eine Laune des Körpers sein kann, sich zu einem Giftproduzenten zu entwickeln, fast in eigener Regie, ohne jegliches Dazutun. Der Körper ist ja eine Hülle, eine beseelte, eine belebte. Er funktioniert nur gut in einem gesunden Zusammenspiel mit seinem Inhalt, seinem Inneren. Dies ergibt Harmonie. Genau das muss der Haken sein! Wie war doch doch nur?

Das falsche Leben. Der Raubbau am eigenen Körper. Die Überforderung. Die Verdrängungen. Eine gescheiterte Ehe. Unglück mit den eigenen Kindern. Schlechte Beziehungen. Der Stress. Die ewige Unruhe. Keine Zeit haben etc., etc. Bis zum »Es geht nicht mehr!!«

Es ist einem endgültig verleidet! Am liebsten möchte man alles verkaufen! Einem Therapeuten, einem Spezialisten etwa. Kein Preis ist zu hoch, kein Weg zu weit. Alles ist sinnlos. Nichts nützt. Reine Zeitverschwendung. Man sieht alles ein. Aber Einsicht versetzt bekanntlich auch keine Berge. Jede Krankheit hat ihr Eigenleben, ihre Eigendynamik, und - last, but not least - sie ist zu allem Elend noch auf eine störrische Art anhänglich, hat einem liebgewonnen, so richtig ins Herz geschlossen, und will partout nicht von einem weichen.

Guter Rat ist teuer. Alleine kommt man nicht weiter. Das medizinische Angebot hat ausgedient. Was nun? - Bei mir war es die Bioenergietherapie, d.h. der Energietherapeut der diese Kunst beherrscht, hat mich geheilt.

Die Bioenergietherapie ist die Lehre und Praxis vom richtigen Fliessen der Energie. Diese Behandlung ist keine Physiotherapie, keine Psychoanalyse, weder ein Vorgehen nach Schema »F« noch eine allfällige Abhängigkeit. Es ist ein Leiten/ Umpolen der falsch fliessenden Energie, ein Freisetzen von blockierter Energie.

Rheuma ist, auf der Basis von der vererbten Disposition (sog. locus minoris resistentiae), eine Autoimmunkrankheit, vermutlich rein psychosomatischer Natur. Das Ergebnis vom flachen Fliessen der Energie. Wahrscheinlich das Resultat einer starren Lebenshaltung, von verborgenen Beziehungen. Eine Änderung der Lebenssituation ist dringend angeraten.

Zuerst möchte ich betonen, dass es äusserst wichtig ist, dass man sich gegenseitig sympathisch ist, dass sich die beiden »Parteien« mögen, dass Vertrauen herrscht. Wenn nicht, wäre eine Energieübertragung, also der Energiefluss, von Anfang an gehemmt und eine Therapie sinnlos. Die Energie fliesst ja nicht nur in einem selbst, sondern auch von einem zum andern. Konsequenterweise lehnt der Energietherapeut Leute ab, die seine eigene Energie stören.

Das Vertrauen zu meinem Therapeuten hatte ich voll und ganz. Der erste Schritt war dann das Absetzen bezw. Ausschleichen aller Medikamente. Bioenergie und Medikamente verhalten sich antagonistisch, arbeiten gegeneinander.

Also abgesetzt und ausgeschlichen! Dann war die absolute Hölle los! Meine allerschlimmste Leidenszeit! Diese Schmerzen, die absolut unbeschreiblich grausamen, vorher zumindest doch teilweise durch Mittel vorübergehend in Schach gehalten, schwupps, lebten sie wie alte unliebsamste Bekannte in all ihrer Macht wieder auf und schlugen unbarmherzig zu, so dass ich jederzeit kleinlaut und liebend gerne gierig wieder zu einem giftigen Rettungspülverchen gegriffen hätte.

Also aufgeben? Auf keinen Fall. Die Schreckensvision der unweigerlich bevorstehenden völligen körperlichen Abhängigkeit machte mir Beine. Ich hatte ein wichtiges Schlüsselerlebnis: Meine Schmerzen veränderten sich langsam. Sie waren wohl noch da, aber irgendwie anders. Warum wohl? Eines war sicher. Auf keinen Fall wegen der Einnahme meines Medikamentes. Folglich hatte sich etwas in meinem eigenen System geändert. Hoffnung? Ja. Eine zarte, fast unerlaubte, leise Hoffnung, ein winziges Fünklein, ein zitternder Hoffnungsstrahl. Eine Spirale, die schüchtern begann, Form anzunehmen, sich zu drehen, langsam, nach oben.

Während dieser schwierigen Zeit verstand es der Bioenergietherapeut meisterhaft, einerseits mit unendlich viel menschlichem Verständnis und Humor, mit feinem psychologischen Gespür und tiefer Zuneigung liebevoll auf mich einzugehen und mich anderseits mit behutsamer Strenge und wohlmeinender Unnachgiebigkeit »bei der Stange« zu halten = keine Medikamente einnehmen.

Es brauchte viel Geduld. Noch mehr Durchhaltewillen und eiserne Disziplin. Einen unerschütterlichen Glauben an eine Besserung. Mein gesamter Stromhaushalt, mein Kraftwerk, war völlig lahmgelegt. Funktionsuntüchtig! Der Therapeut besass die Fähigkeit, meine Energie anzuzapfen und umzupolen. Die Impulse erreichten ihr gewolltes Ziel, und mit der Zeit wurde ich wieder funktionstüchtig. Das Im-Gang-Halten und -Behalten der wiedergewonnenen Energie bleibt jedoch die schwierige Aufgabe des Patienten. Das Ziel ist, das bereits Erreichte zu pflegen und unter allen Umständen zu erhalten.

Bioenergietherapie, ja. Aber wie muss man sich das dann überhaupt vorstellen?

Ganz bestimmt kann man sich nicht einfach so hinlegen, sich eine gewisse Zeit behandeln lassen - und dann ist man geheilt!!

Hingegen legt man sich bei der Behandlung meistens auf den Bauch. Der Therapeut behandelt am Anfang die Kreuzgegend, gewissermassen das »Information Board«, ein wichtiges Zentrum des menschlichen Körpers, welches ihm Aufschluss zu vermitteln scheint betreffend Barrikaden, Barrieren, Schwachpunkte des Organismus. Es ist schwierig, diesen Vorgang zu beschreiben. Man könnte jedoch sagen, er arbeitet ganz fein, wie auf einem Computer, an der Wirbelsäuletastatur, mehr oder weniger lang. Überall, wo es einem wehtut, verspürt man Schwingungen, Zuckungen oder Schmerz. Ohne dass man vorgängig ein einziges Wörtchen darüber verloren hätte, ohne ausführliche Anamnese oder Röntgenaufnahmen - haargenau tippt er die Stellen an, wo etwas »los« ist, Stellen, welche man selber nicht einmal so genau hätte beschreiben können. Das zweite Zentrum liegt ein paar Fingerbreit unter dem Nabel, der Solar plexus. Obwohl die westliche Medizin dies nicht zur Kenntnis nehmen will, ist es also möglich, vom Körper direkt die notwendige Information zu bekommen und mit dem entsprechenden Wissen über die Energiebahnen oder -felder auf ihn Einfluss zu nehmen und ihn zu verändern.

Wie kommt man sich vor bei dieser ganzheitlichen Behandlung? Wie eine Art Töpfererde oder Teig in den Händen des Arztes. Der Töpfer bearbeitet die Figur. Er drückt da eine Vertiefung ein, zieht dort etwas in die Länge oder Breite, nimmt etwas weg, hebt etwas an, zupft, rupft, verändert, verbessert.

Was bleibt mir noch zu sagen? Ende gut, alles gut. Wobei es ja kein Ende gibt. Ich jedoch bin um Haaresbreite dem Schicksal der Verkrüppelung, der Schrumpfung bis zum Rollstuhl inklusive entgangen. Kurzum, meine kühnsten Erwartungen wurden noch übertroffen. Ich kann wieder arbeiten, auf Reisen gehen, und die ehemals steifen und tauben Finger knacken munter wieder spanische Nüssli (ein ehemaliger Wunschtraum!). Natürlich nicht nur Nüssli, sondern auch Nüsse oder »Knack«nüsse. Was das Leben halt so bringt. Denn das Leben geht weiter.

Nun folgt ein Fall von Neurodermitis. Die Neurodermitis ist eine häufig auftretende Hautkrankheit unserer Zeit. Etwa jedes zehnte Kind erkrankt heute daran, etwa ein Prozent aller Erwachsenen ist betroffen. Hauptsymptom ist der quälende Juckreiz, der nachts oft unerträglich wird. Die genauen Ursachen der Neurodermitis sind im einzelnen noch nicht bekannt. Sicher ist, dass die Veranlagung zu besonders reagierender Haut vererbt wird. In etwa 40 Prozent der Fälle tritt die Neurodermitis gleichzeitig oder im Wechsel mit Asthma oder in Verbindung mit Heuschnupfen auf. Für die meisten der sichtbaren Hautschäden ist das Zusammenwirken von Juckreiz und Kratzen verantwortlich, das vielfach in einen Teufelskreis mündet.

B.) Patientin, 51 Jahre alt.

Seit der Kindheit Neurodermitis und Asthma. Sehr schlimme Perioden zwischen 17 und 21 Jahren und während der zwei letzten Schwangerschaften (3 Kinder, zweites Kind - ein Mädchen - hat die Krankheit geerbt, ist bei ihr aber erst in der Pubertät ausgebrochen).

Seit dem 38. Lebensjahr ist die Neurodermitis am ganzen Körper so schlimm geworden, dass ich nur noch mit starken Cortisonsalben und täglichen Salzbädern, die den Juckreiz linderten, leben konnte. Während eines Jahres habe ich Cortisontabletten einnehmen müssen.

Es wurden in all meinen Leidensjahren alle möglichen Behandlungen ausprobiert: von der Schulmedizin, Akupunktur, Homöopathie, Psychotherapie usw.

Dann begann ich eine Behandlung, in der alle Nahrungsmittel und alles, was mit der Haut in Berührung kam, kinesiologisch und mittels eines Biosensors ausgetestet wurde. Einige Nahrungsmittel wie Milch, Weizen, Eier, Hefe, Karotten etc. mussten ganz weggelassen werden.

Auch diese Diät half alleine noch nicht, den Zustand zu bessern. Dann begann ich mit der Energiebehandlung, der Zustand besserte sich rasch. Schon nach 7 Wochen brauchte ich kein Cortison mehr. Salzbäder wurden noch täglich gemacht. Leider gab es dann einen Rückfall - da ich einen Fisch ass, auf den ich eine sehr starke allergische Reaktion hatte.

Mit Diät, klassischer Homöopathie (Hochpotenzen) und vor allen Dingen der Energiebehandlung besserte sich mein Zustand wieder.

Jetzt, nach einem Jahr seit Beginn der Energiebehandlung, geht es mir recht gut. Der Juckreiz ist stark zurückgegangen. Ich trage nur noch einmal die Woche eine leichte Cortisonsalbe auf, aber nicht mehr am ganzen Körper wie vorher, Salzbäder brauchen auch nur alle 3-4 Tage genommen zu werden. Auch haben sich die über Jahre andauernden Darmprobleme (starke Verstopfung) durch die Energiebehandlung so gebessert, dass jetzt keine Medikamente mehr eingenommen werden müssen.

C.) Ein Patient, Alter 65 Jahre:

Im Sommer 1988, aus blauem Himmel, begann ein Bauchkrampf mich zu plagen - und das jeweils kurz nach den Mahlzeiten. Diese Krämpfe nahmen an Intensität zu, so dass ich mich in ärztliche Behandlung begab. Die Schmerzen nahmen eine gewisse Gesetzmässigkeit an, und zwar fast immer ca. eine halbe Stunde nach Einnahme von Speisen, unabhängig von Zeiten und Speise- oder Getränkesorten. Der Schmerz begann immer in der Nierengegend beiderseits und verbreitete sich nach vorn in die Magengegend und wanderte dann nach unten in die Darmgegend und verschwand vollkommen nach ca. einer Stunde. Verschiedene Medikamente, die mir verschrieben wurden, halfen absolut nichts, sondern brachten im Gegenteil manchmal zusätzliche Schwindelanfälle und allgemeines Unbehagen. Die einzigen Mittel, welche nach kurzer Zeit ein Abflauen der Krämpfe brachten, waren mein Heizkissen und mich »horizontal« zu begeben.

Da nichts half und ich an Gewicht verlor, da ich aus Angst vor Schmerzen fast keine Nahrung zu mir nahm, wurde ich an Magenund Darmspezialisten überwiesen. Ambulante intensive Untersuchungen wie Magen- und Darmspiegelungen wurden durchgeführt sowie eine aufwendige Aortagraphie. Eine kurze Zeit begab ich mich in Behandlung bei einem Arzt, der auch Naturheilverfahren anwendet. Alle Anstrengungen und medikativen Versuche brachten keine Heilung und keine Diagnose, sondern nur geäusserte Vermutungen sowie Blutgefässstörungen etc.

Dazu wäre noch zu bemerken, dass alle Untersuchungen sicherlich mit hoher fachlicher Kompetenz durchgeführt wurden, doch mein Krankheitsbild blieb unverändert, und ich fühlte mich beinahe als Invalide.

Gute Freunde machten mich auf Dr. S. aufmerksam, welcher mich untersuchte und behandelte. Nach 3-4 Behandlungen hatte ich keinerlei Beschwerden mehr, und mein allgemeines Wohlbefinden hat sich sofort dramatisch verbessert. Ich esse und trinke alles und habe wieder mein normales Gewicht. Seit einem Jahr habe ich meine Krankheit, welche mich zwei Jahre lang quälte, fast vergessen, wenn ich nicht von Zeit zu Zeit Dr. S. besuchen würde, um mich auf jeden Fall vorbeugend behandeln zu lassen (übrigens: Es gibt bei Dr. S. keine Pharmazeutika).

D.) Patientin, 56 Jahre alt, erwähnte folgendes:

Nach einer Brustkrebsoperation schwollen meine rechte Hand und der Arm sehr stark an. Da eine solche Geschwulst nicht nur hässlich, sondern auch sehr hinderlich ist, suchte ich nach und nach mehrere Ärzte auf. Keiner konnte mir helfen, überall dasselbe: Damit müssen Sie sich abfinden. Doch genau das wollte ich nicht. Ich liess dann bei einer Therapeutin Lymphdrainagen machen. Auch legte sie mir Pressmanchetten an. Beides half recht gut - doch jeweils nur für sehr kurze Zeit. Eines Tages meinte sie: »Wenn Ihnen jemand helfen kann, dann höchstens noch Herr Dr. S.« Also meldete ich mich an, und zu meinem grossen Erstaunen ging die Geschwulst langsam zurück. Nach 6 oder 7 Behandlungen war mein Arm wieder normal - und das nun seit mehreren Jahren!

E.) Patientin, 42 Jahre alt, schreibt:

Nach einer Lumbalpunktion und nach einem Magnetresonanz Untersuch wurde festgestellt, dass ich an einer chronischen Entzündung im Zentralnervensystem, Muskelentzündung und Störung im Immunsystem litt. (MS) Multiple-Sklerose. Unheilbar lautete die Diagnose! Körperlich äusserte sich das in einer immer grösser werdenden Kraftlosigkeit, die rechts sogar zur Lähmung führt. Erschöpfungszustände zwangen mich nach der kleinsten

Anstrengung zur Ruhe. Ich sah alles dreifach, oft gab es Momente, da war ich für Sekunden blind. Starke Gleichgewichtsstörungen, Konzentrationsschwierigkeiten, machten mir täglich zu schaffen. Ich litt unsägliche Schmerzen in Armen und Beinen, vor allem aber im Kreuzbereich und im Nacken. Ausserdem zeigten sich Beschwerden mit der Blase und dem Stuhlgang, starke Sensibilitätsstörungen und der Ausfall der Reflexe.

1987 wurde ich zu Dr. Mitsuo Shirahama geführt. Beim ersten Mal spürte ich, dass er ein sehr starker Heilkanal war. Ich vertraute ihm voll und ganz. Dieses Vertrauen wurde eines Tages auch belohnt. Ich danke Gott für die Gnade, dass ich Dr. Shirahama begegnen durfte. Ich danke natürlich auch Dr. Shirahama von Herzen für seine Hilfe! Heute unternehme ich mit meinem vierbeinigen Freund oft grosse Wanderungen und niemand der mich trifft, sieht mir an, wie mein Gesundheitszustand damals war.

F.) Eine Patientin schildert ihren Fall wie folgt:

Schon im jugendlichen Alter suchte ich nach einer höheren Kraft, die mich irgendwann von der unschönen Kindheit befreien sollte. Ich fühlte aber instinktiv, dass da etwas ist, das mich durch alle schwierigen Situationen hindurchbringt und mich niemals fallenlässt. Ich fragte aber nicht weiter. Als ich meine Lehrzeit beendet hatte, suchte ich. Ich war eine begeisterte Bergsteigerin, jede freie Minute zog es mich in die Alpen. Ich war sehr glücklich und immer fröhlich auch am Arbeitsplatz. Die

Berge zogen mich magisch an, ich fühlte mich stark und frei, und die Probleme und der Ärger wurden in schwindelnden Höhen so klein und nichtig, dass ich darüber lachte. Das ging Jahre so weiter, ich war ein sehr glücklicher Mensch, bis meine letzte grosse Bergtour auf 3000 Meter Höhe mir zum Verhängnis wurde. Auf dem Gipfelgrat angelangt, sah ich von der anderen Seite ganz schwarze Wolken in Windeseile auf mich zutreiben. Ich konnte nirgends hinfliehen, da war nur nackter Fels. Ich hatte Angst, panische Angst, als ich die zuckenden Blitze sah, das ist nicht zu vergleichen mit einem Gewitter im Unterland. Ich warf mich kauernd zu Boden, und rund um meinen Körper schlugen die Blitze ein - es war die Hölle. Plötzlich war alles vorbei, und die Sonne schien wieder, ich konnte noch nicht recht glauben, dass ich lebe, und zitterte am ganzen Körper. Langsam stieg ich hinunter, ich kam sehr spät nach Hause, denn der Abstieg machte mir Mühe, und ich fühlte mich schlecht. Die nächsten 3 Wochen waren schlimm, ich hatte Mühe, zu arbeiten, war immer müde, und depressiv und dieses seltsame Stechen in der Herzgegend immer am selben Ort. Aber ich beachtete dieses Zeichen nicht und glaubte, ich wäre überarbeitet. Doch was dann geschah, zerstörte jäh mein Glück und meine Kraft.

Ich erlitt aus heiterem Himmel einen Herzinfarkt mit erst 27 Jahren. Ich kämpfte gegen mich selbst und gegen die Ärzte, denn ich wollte nicht krank sein. Zum Glück kannte ich einen Arzt, der mich mit Akupunktur und Homöopathie behandelte, ich stellte auch sofort das

Essen auf Herzdiät um. Ich hatte Erfolg, mein Lebenswille war so stark, dass ich mir immer wieder zuviel zumutete. Aus diesem Grunde gab es dauernd Rückfälle. Die Ärzte sagten mir, ich müsse mich endlich in die Situation fügen, weil es keine Besserung des Zustandes mehr geben würde, vom medizinischen Standpunkt her. Da sah ich rot. Ich kämpfte gegen alle Ärzte an und versuchte alle nur möglichen Aussenseiter-Heilmethoden. Ich verlor dabei sehr viel Geld, hatte aber nur geringe Erfolge. Das schlimmste war, dass mir das Konzentrieren auf die Arbeit immer mehr Mühe machte.

Die Herzschwächen häuften sich mehr und mehr, mein Körper wurde dadurch immer schwächer. Obwohl ich wieder in der Stadt wohnte, zog es mich an Wochenenden in die Berge. Ich konnte nur noch bis ca. 1500 Meter hinauf und nur spazierengehen. Ich musste erkennen, dass auch das zuviel war, denn ich erlitt einen so schweren Zusammenbruch mit Ohnmacht, dass mich die Ambulanz holen musste. Der behandelnde Arzt der Notfallabteilung im Zürcher Universitätsspital sagte mir, dass ich in diesem Zustand überhaupt nicht mehr an Arbeit denken dürfte.

Er sagte mir auch, dass die Ärzte mir nicht mehr helfen könnten und, dass ich aus medizinischer Sicht keine Chance mehr hätte. Das wusste ich bereits, da mir auch Heilpraktiker dasselbe sagten. Ich sah den Arzt an und sagte: »Ich will jetzt nach Hause«, er sagte: »Sie sind verrückt, das geht doch nicht«, worauf ich erwiderte:

»Wenn ich das will, dann geht das auch.« Der Arzt sah mich überrascht an und sagte: »Ich wusste nicht, dass ihr Wille noch immer so stark ist.« Er begann im Zimmer auf und ab zu gehen und sagte den für mich und mein künftiges Leben entscheidenden Satz: »Es gibt nur einen einzigen Mann, der ihnen jetzt noch helfen kann, gehen Sie zu Dr. Shirahama. Dieser Mann hat einer Ärztin vom Spital das Leben gerettet, als wir alle nichts mehr tun konnten.«

Ich durfte dann nach Hause gehen, da Bekannte mich mit dem Auto abholten. Der Arzt wolle mich am nächsten Tag wiedersehen, und ich musste ihm versprechen, bei Dr. Shirahama anzurufen. Zu Hause brach ich erneut zusammen, aber ich schwor mir: »Noch resigniere ich nicht, ich kämpfe noch ein letztes Mal gegen die Krankheit und werde allen Miesmachern beweisen, dass ich noch da bin.«

Die Arbeit in Zürich gab ich auf und suchte vom Bett aus (obwohl der Arzt es verbot) eine Stelle in Davos und fand sie auch. Auch die erste Begegnung mit Dr. Shirahama kam. Ich erklärte ihm kurz die Situation, darauf schwieg er lange und sagte dann sehr nachdenklich: »Ich glaube, ich kann ihnen helfen,« bat mich aber zugleich um viel Geduld. Diesen Satz habe ich bis heute nicht vergessen, ich fühlte die tiefe Bedeutung dieser Worte und wusste, dass dieser Mann die absolute Wahrheit sagte. Meine Empfindung kann ich nicht erklären, aber ich ahnte, dass mir ein neues Leben geschenkt würde. Mein Vertrauen in die Heilkunst basierte auf einem absoluten Minimum, denn die Enttäuschung zu Ärzten war zu gross. Aber obwohl ich mich nach den ersten Behandlungen nicht wesentlich besser fühlte, spürte ich eine wärmende Kraft in der Herzgegend, die Kraft ging wieder weg und kam in schwacher Form wieder. Da wusste ich, dass ich eines Tages diese Herzschwäche besiegen würde. Ich versuchte herauszufinden, weshalb ich plötzlich das Gefühl von aufflakkernder Kraft in der Herzgegend fühlte.

Dr. Shirahama arbeitete doch nur mit den Händen, sicher fixierte er die Akupunkturpunkte, aber ich liess mich doch so lange von einem Akupunkteur behandeln und wurde nicht geheilt. Zuerst glaubte ich, es wäre die Kraft von Dr. Shirahama, die diese Wärme bewirkte, aber später, nach 2 - 3 Monaten, als ich mich wesentlich stärker fühlte, wusste ich plötzlich: »Das ist ja meine eigene Kraft, die durch die Behandlung ganz langsam wieder zu arbeiten beginnt.« Das war so sensationell für mich, meine Herzkraft, die total am Boden war, kam ganz langsam wieder zurück. Ich konnte es noch gar nicht recht glauben. Während dem halben Jahr Aufenthalt in Davos ging ich jeden Abend nach der Arbeit bei jedem Wetter 1 Stunde laufen, weil ich mich so sehr freute über die Besserung.

Jeden Monat ging ich nach Zürich zur Behandlung zu Dr. Shirahama und zugleich zur Kontrolle in das Universitätsspital. Ich habe noch nie zuvor einen Arzt erlebt, der sich so freuen kann über eine Heilung, die ein anderer vollbringt. Es war natürlich dieser Arzt, der mich zu Dr. Shirahama geschickt hatte. Er sagte immer wieder: »Ich kann es nicht glauben, es ist so schön.« Ich muss gestehen, nach einem halben Jahr Behandlung bei Dr. Shirahama konnte ich nach stetem Üben eine kleine Bergwanderung bis ca. 2000 Meter Höhe machen. Ich dachte, ich müsse zerspringen vor Freude, denn ich fühlte keine Schmerzen am Herzen. Seitdem lebe ich wieder in Zürich, arbeite in der Stadt und konnte mich beruflich sehr verbessern. Heute habe ich einen sehr guten, anspruchsvollen Job. Auf die hohen Berggipfel gehe ich nicht mehr, aber ich kann problemlos 3 - 4 Stunden in den Bergen wandern. Wenn ich mich manchmal über Kleinigkeiten des Alltags ärgere, die es gar nicht wert sind, merke ich, dass ich all das schreckliche der Vergangenheit vergessen habe und mitten im Leben stehe. Ich kenne nun Dr. Shirahama seit 14 Jahren, ich gehe noch sporadisch zur Kontrolle oder wegen anderer kleine, Unpässlichkeiten. Neben einer kleinen Schwäche mit der man gut leben kann, bin ich völlig gesund und fühle mich auch so.

Bei dieser Gelegenheit möchte ich Dr. Shirahama meine tiefste Dankbarkeit für seinen totalen Einsatz um den Kampf um mein Leben aussprechen. Er hat mir meine Lebenskraft wieder zurückgegeben, und die effektive Heilung ist die »Selbstheilung« durch das eigene biologische Kraftfeld, das er durch seine Behandlung aktiviert. Jeder Mensch hat diese Bioenergie, aber bei sehr vielen ist sie verkümmert und gestört. Bei mir wurde diese Energie durch die geballte elektrische Kraft der Blitze eines Berggewitters zerstört. Es ist ein Segen des Himmels, solche Heiler wie Dr. Shirahama zu finden, denn er lehrt uns, wie wir durch positives Denken und Tun unseren Bioenergiestrom von Körper und Seele in stetem Kreislauf halten können.

Wenn durch irgendeinen Einfluss von aussen dieser Biokreislauf unterbrochen ist, wird der Mensch krank, zuerst meistens nur psychisch, später aber auch physisch. Ich habe viele einschlägige Sachbücher der Grenzwissenschaft gelesen, egal welches Thema angesprochen wird, alles läuft im Endeffekt auf diesen kosmischen Bioenergiestrom und dessen Harmonie hinaus. Das ganze Universum besteht und lebt in dieser Kraft, es wäre gut, wenn unsere Ärzte endlich einsehen würden, dass da noch ganz andere Kräfte da sind, um die Menschen zu heilen. Durch die mechanische und gefühllose Behandlung eines Organs ist kaum eine Heilung von Dauer möglich. Ich hoffe, dass der nächsten Generation ein Durchbruch in der klassischen Schulmedizin gelingt, es wäre wirklich vonnöten, dieser materialistischen an Kälte und Egoismus krankenden Gesellschaft. Ich denke, es ist auch auf dem ganzen Planeten Erde die Bioenergie gestört, die vielen Kriege, Kriminalität, Hass, Neid und Zerstörung der Natur zeugen wirklich nicht von Harmonie. Aber wenn die Welt gesunden will, muss es beim einzelnen Menschen beginnen. Menschen wie Dr. Shirahama sind ein leuchtendes Beispiel in dieser Welt, wir sollten seine Mahnungen nicht überhören, sie bedeuten für uns ein besseres Leben, das wir mit dieser Kraft selber zum Guten lenken können, wenn wir es nur wollen.

Diese sechs Fallbeispiele sind nur ein Bruchteil der Krankheitsgeschichten aus meiner fast fünfzehnjährigen Praxis. Die Energietherapie vermag auch, wie schon erwähnt, Kopfschmerzen, Migräne, Nacken-, Rücken-, Magenschmerzen etc. zu heilen. Ausserdem werden Nieren- und Blasensteine nach einigen Behandlungen ausgeschieden. All diese Beschwerden sind Störungen im Bereich des Energiekörpers.

In manchen Fällen konnte bei Patientinnen auch die Kinderempfänglichkeit mittels der Energietherapie aktiviert werden. Mehrere davon waren von den Ärzten als unfruchtbar erklärt worden. Nachdem die Energie des Astralkörpers wieder harmonisch floss, wurden sie aber schwanger. Einige waren schon über 40 Jahre alt und hatten seit langer Zeit auf Nachwuchs gehofft.

SCHLUSSWORT

Viele werden sich fragen, ob die Energietherapie einen orientalischen Ursprung hat. Die Antwort ist nein. Die Inspiration zu dieser Eneregietherapie stammt aus Jungs Konzept über die psychosomatische Medizin.

Der Titel dieses Buches: »Die Chi-Energie im Sinne von C.G. Jung« und »Heilung durch eigene Lebenskraft« will darauf hinweisen, dass ein jeder von uns über die ungeahnt starken inneren kosmischen Kräfte verfügen und diese zum eigenen Wohl für die Gesundheit nutzen kann.

Abschliessend möchte ich erwähnen, dass dieses Buch hauptsächlich geschrieben wurde, um Jungs Idee über die Erweiterung des psychosomatischen Feldes zu erklären. Nur so können wir den grossen Unterschied zwischen seinem Konzept und der Schulmedizin erkennen. Für ihn war das Zentrum der psychosomatischen Medizin die Selbstverwirklichung.

Aus diesem Grunde wurde der Beschreibung des Selbstkonzepts im zweiten Teil des Buches, Kapitel III (Ist das

Selbst der wirkliche Heiler?), besonderen Nachdruck verliehen. Für alle diejenigen, die nicht Jung studierten, möge das Verfolgen seiner Ideen leichter sein.

Jung schrieb: »Das Selbst als Ganzes der Persönlichkeit, die ›heilende‹, d.h. ganzmachende Medizin, welche sogar von der modernen Psychotherapie anerkannt wird.« Deshalb gehört eine solche universelle Medizin der vierten Dimension an, denn sie hat einen transzendentalen Hintergrund und einen engen Bezug zur archetypischen Welt.

Er sprach auch öfters von der »anima corporalis und anima mundi«, als auch von »der himmlischen Substanz im Körper«, »der dem Menschen eingeprägten Imago Dei«, »Deus terrenus oder Deus terrestris«. Diese Ausdrücke zeugen davon, dass der energetische Körper in der empirischen Welt arbeitet. Dies erklärt auch die Funktion von Unus mundus, wo Himmel und Erde sich begegnen.

Wenn der Psychotherapeut und der Arzt die Quellen solcher Energien vernachlässigen, dann beginnt die Materialisation der Persönlichkeit. Wie wir wissen, hilft die Pharmakotherapie auch nicht. Der Stress, die täglichen Frustrationen wie auch die seelischen und körperlichen Krankheiten trennen Himmel und Erde.

Eine gutangewendete Therapie, die aber ohne Gefühl verabreicht wird, hat nicht nur eine einseitige Wirkung, sie entwürdigt den Patienten. Die menschliche Natur kann die Trennung von Körper und Seele nicht länger ertragen. Die Patienten sind unglücklich. Dieses »Seelen«-Konzept kann in andern Worten mit Energie, feinstofflicher und dem Diamant Körper, verglichen werden.

Der Ausdruck »psychophysischer Aspekt des Unbewussten«, wie Marie-Louise von Franz erwähnt, wurde von der Wissenschaft nicht weiter verfolgt. Schon Jung beschäftigte sich mit der Idee dieses Themas, aber aus Zeitmangel blieb sie weitgehend unerforscht. Er hoffte, dass seine Mitarbeiter später sie wiederaufnehmen würden.

Der psychophysische Aspekt des Unbewussten wurde nur als einseitiger Teil der Psyche angesehen. Doch wenn wir an die Ganzheit des Menschen denken, dürfen wir nicht übersehen, dass die Körperenergie (physikalischer Aspekt des Unbewussten) im Prozess, ein ganzheitlicher Mensch (Homo totus) zu werden, eine wesentliche Rolle spielt.

In der Psychologie sind die Traum- und Phantasieanalysen von grosser Bedeutung, denn sie erlauben, versteckte Probleme ins Licht des Bewusstseins zu bringen. Träume können auch ein Ungleichgewicht im Körper anzeigen. Deshalb ist die Traumanalyse nicht nur auf den psychischen Bereich begrenzt, sondern sie muss sich auch auf den Körper beziehen.

Natürlich endet der psycho-physische Gesichtspunkt des Unbewussten nicht in der dreidimensionalen Welt, sondern reicht in die kosmische Sphäre. Heutzutage sprechen viele Wissenschaftler, wie z.B. Dr. F. Capra, in ihren Werken von der vierten Dimension.

Er schreibt:
»Um ein altes chinesisches Sprichwort abzuwandeln: Mystiker verstehen die Wurzeln des Tao, aber nicht seine Zweige; Wissenschaftler verstehen seine Zweige, aber nicht seine Wurzeln. Die Wissenschaft braucht die Mystik nicht und die Mystik nicht die Wissenschaft, aber der Mensch braucht beides. Mystische Erfahrung ist nötig, um das Wesen der Dinge zu begreifen, und Wissenschaft ist für das moderne Leben unerlässlich. Wir brauchen daher keine Synthese, sondern ein dynamisches Zusammenspiel der mystischen Intuition und der wissenschaftlichen Analyse.«[77]

Wenn die universale Medizin, die in die vierte Dimension reicht, in unserem heutigen Medizinbereich einginge, könnte der Energiekörper und seine Wirkung auf unseren physischen Leib in Raum und Zeit endlich verstanden werden. Die Mandalarotation, welche die Quintessenz unserer Gesundheit darstellt, würde endlich entdeckt werden, und die Erhaltung unseres physischen Körpers wäre somit gewährleistet. Operationen und Amputationen würden sich demzufolge als völlig überflüssig erweisen.

Es wäre wünschenswert, wenn in Zukunft der psychophysische Aspekt des Unbewussten tiefgehender erforscht und entwickelt würde. Umfassendere, schematische Studien der menschlichen Natur würden die Mysterien der von Gott erschaffenen Welt aufdecken.

Nehmen wir doch einmal das Konzept von Libido, das die Psychologie als psychophysische Energie ansieht. Sie ist nicht nur auf die dreidimensionale Welt beschränkt, sondern eng mit der kosmischen Dimension verbunden.

Diesen Energiekreislauf kann man bei der Beobachtung in der Entwicklung eines Kindes verstehen. Wenn es am Daumen lutscht, so bildet es einen geschlossenen Kreis, der seine Yin- und Yang-Kräfte stabilisiert.

Das Konzept von Unus mundus darf nicht länger unbeachtet bleiben. Wenn wir den energetischen oder feinstofflichen Körper als den Spiegel von Unus mundus betrachten, dann verstehen wir die kosmischen Gesetze. Da der ätherische Körper nur mit der Kirlian-Photo sichtbar gemacht werden kann, müssen wir diese Dimension erfühlen und erkennen.

Meine Patienten behandle ich am feinstofflichen Körper. Wenn ich die verschiedenen Akupunkte berühre, strahlt die stagnierte Lebenskraft plötzlich wie eine Sonne. Gleichzeitig kreist die Energie in der Form eines Mandalas. Dieses ist die Essenz des energetischen Körpers, wie es auch den Spiegel von Mikro- und Makrokosmos darstellt.

Wir müssen uns immer vor Augen halten, dass wenn der energetische Körper nicht harmonisch schwingt, er körperliche und seelische Krankheiten auslöst. Demzufolge bringen auch schwere psychische und physische Probleme Energieblockaden mit sich. Können diese vom davon Betroffenen nicht gelöst werden, wäre es angezeigt, einen kompetenten Therapeuten aufzusuchen. Gutausgerichtete Sprech- und Bioenergietherapien werden den gewünschten Erfolg mit sich bringen.

Die mandalaförmig kreisende Energie ist der Beweis einer kosmischen, allmächtigen Kraft in uns. Sie stellt das innere Gleichgewicht her und lässt unsere Gesundheit in Harmonie erstrahlen, so werden wir eins mit dem Kosmos - UNUS MUNDUS.

Wissenschaft ist zwar kein vollkommenes, aber doch ein unschätzbares, überlegenes Instrument, das nur dann Übles wirkt, wenn es Selbstzweck beansprucht. Wissenschaft muss dienen; sie irrt, wenn sie einen Thron usurpiert. Sie muss sogar andern beigeordneten Wissenschaften dienen, denn jede bedarf, eben wegen ihrer Unzulänglichkeit, der Unterstützung anderer. Wissenschaft ist das Werkzeug des westlichen Geistes, und man kann mit ihr mehr Türen öffnen als mit blossen Händen. Sie gehört zu unserem Verstehen und verdunkelt die Einsicht nur dann, wenn sie das durch sie vermittelte Begreifen für das Begreifen überhaupt hält.

C.G. Jung

ANMERKUNGEN

[1] C.G. Jung: Gesammelte Werke (G.W.), Bd. 12, Psychologie und Alchemie. Walter Verlag, Olten
C.G. Jung: G.W., Bd. 13, Studien über alchemistische Vorstellungen. Walter Verlag, Olten
C.G. Jung: G.W., Bd. 14, Mysterium Coniunctionis. Walter Verlag, Olten

[2] »Stern«-Magazin, 3. Januar 1991, »Heilen mit der Kraft der Seele« von Friedrich Abel. Das Hauptmerkmal dieses Artikels ist die These von Einheit und Gleichgewicht zwischen Körper und Seele.

[3] Klett-Cotta Verlag, Stuttgart 1970

[3] Veitz Ilza: Huang Ti nei ching su Wên (The Yellow Emperor's Classic of Internal Medicine). University of California Press, 1972

[4] Psyche und Materie. Daimon Verlag, 1988, S. 220

[5] Histoire, doctrine et pratique de l'acupuncture chinoise. Ed. Claude Tchou, Paris 1966, S. 44

[6] »Der philosophische Baum« in: Studien über alchemistische Vorstellungen, G.W. XIII, S. 350

[7] Ebd., S. 349

[8] Ebd., S. 350. Marie-Louise von Franz erklärt die alchemische Umwandlung wie folgt: »Obgleich die alchemistischen Texte zahlreiche Variationen aufwei-

sen, lassen sich bei einer synoptischen Betrachtung gewisse Grundmotive herausschälen. Gemäss diesen weist die Herstellung des philosophischen Steins drei typische Stadien auf: die Nigredo (Schwärze), die Albedo (Weisse oder Weissung) und die Rubedo oder Citrinitas (Rötung oder Goldfarbe). In der ersten Phase, der Nigredo, wird die Ausgangsmaterie (materia prima) aufgelöst, kalziniert, pulverisiert und gereinigt, ein gefährliches Stadium, in welchem sich oft giftige Dämpfe entwickeln, zum Beispiel Blei- oder Quecksilbervergiftungen hervorrufen, oder Explosionen sich ereignen.« (C.G. Jung: Sein Mythos in unserer Zeit, Verlag Huber, Frauenfeld und Stuttgart, 1972, S. 275.)

[9] Ebd., S. 349
[10] Die Dynamik des Unbewussten, G.W., VIII, S. 27
[11] Zahl und Zeit, S. 114
[12] Histoire, doctrine et pratique de l'acupuncture chinoise, S. 51
[13] Mysterium Coniunctionis, Bd. II, S. 258
[14] Psychologie und Alchemie, S. 324
[15] Mysterium Coniunctionis, Bd. II, S. 10
[16] Dynamik des Unbewussten, S. 76
[17] Ebd., S. 77
[18] Mysterium Coniunctionis, Bd.II, S. 303
[19] Japanisch: sin (Gott), kei (Pfad). Chinesisch: chên (Gott), tsching (Pfad)
[20] Vgl. »Stern«-Magazin, 3. Januar 1991, »Heilen mit der Kraft der Seele« von Friedrich Abel
[21] Acupuncture without Needles. Ed. Parker Publishing Company, Inc. New York 1974, S. 188. Dieses Buch

wurde von Rolf Hellmut Foerster ins Deutsche übersetzt: Akupunktur ohne Nadeln. Verlag Hermann Bauer KG, Freiburg i.Br. 1975

[22] The Yellow Emperor's Classic of Internal Medicine, S. 1. Der Text vom Autor übersetzt.

[23] Prof. Dr. Jacques Lavier: Bio-Energétique Chinoise. Maloine S.A., Paris 1976, S. 127. Der Text wurde vom Autor übersetzt.

[24] Lichtbilder der Seele. Herausgegeben von Stanley Krippner und Daniel Rubin. Scherz Verlag 1975. Artikel von Jack R. Worsley: Chinesische Akupunktur und Aurafotografie, S. 144

[25] Psychic Discoveries Behind the Iron Curtain. Englewood Cliffs, N.J. 1970, S. 199. Der Text wurde vom Autor übersetzt.

[26] The Energy Body and Acupuncture, in: Psychic Discoveries Behind the Iron Curtain, S. 222. Der Text wurde vom Autor übersetzt.

[27] Ebd., S. 223

[28] Deutscher Taschenbuch Verlag, München, S. 293

[29] Zur Psychologie westlicher und östlicher Religion: G.W., XI. Walter Verlag, Olten 1988, S. 479

[30] Ebd., S. 481

[31] Ebd., S. 477

[32] Brief II, Walter Verlag, S. 517

[33] Brief II, S. 515

[34] C.G. Jung: Letters, Vol. II. Ed. Princeton University Press, New Jersey, 1975, S. 273. Dieser Brief existiert nur in Englisch.

[35] Briefe II, S. 515

[36] Aion, G.W. IX. Walter Verlag, S. 79

[37] Zur Psychologie westlicher und östlicher Religion, S. 366
[38] Zitiert aus Dr. Felix Mann: Acupuncture, the Ancient Chinese Art of healing and how it works scientifically. Random House Inc., New York 1972, S. 50
[39] Ebd., S. 50-51
[40] Ebd., S. 51-52
[41] Briefe III, S. 318
[42] C.G. Jung: Sein Mythos in unserer Zeit, S. 275-276
[43] Dr. med. Carl A. Wickland: 30 years among the dead. Newcastle Publishing Company, Inc. California 1974, S. 244. Der Text wurde vom Autor übersetzt.
[44] Am 3. Oktober 1932 hielt Prof. Dr. J.W. Hauer einen Vortrag über Kundalini-Yoga. C.G. Jung nahm daran teil. Ein Bericht über die vier englischen von ihm gehaltenen Seminarien wurde anschliessend geschrieben. Dieser Bericht wurde vom Psychologischen Club Zürich 1933 herausgegeben.
[45] Ebd., S. 126
[46] Ebd., S. 121
[47] Hara: Die Erdmitte des Menschen. Otto Wilhelm Barth Verlag, 15. Auflage 1991, S. 39
[48] Ebd., S. 189
[49] Studien über alchemistische Vorstellungen, S. 287
[50] Die Dynamik des Unbewussten, S. 381
[51] Marie-Louise von Franz schreibt folgendes über diesen Aspekt: »Ist das Bewusstsein mehr dem Logosaspekt des Lebens verpflichtet, wie es hauptsächlich bei Männern der Fall ist, so tritt der Erosaspekt in weiblichen Traumfiguren personifiziert auf, und umgekehrt, ist das Ich, wie meistens bei Frauen, mehr

dem Erosaspekt des Lebens zugewendet, in männlichen Personifikationen. Diese gegengeschlechtlichen Personifikationen der unbewussten Persönlichkeit hat Jung als Anima (beim Manne) und Animus (bei der Frau) bezeichnet. Die Anima äussert sich beim Mann hauptsächlich als spezifische positive oder negative Stimmung oder Gestimmtheit, als erotische Phantasie, als Lebensanreiz und Neigung, der Animus in der Frau eher als unbewusster Aktionsimpuls, Initiative, autonomes Reden, Meinung, Überzeugung oder Einsicht.« (C.G. Jung: Sein Mythos in unserer Zeit, S. 88)

[52] Studien über alchemistische Vorstellungen, S. 350

[53] Das Buch von Dr. M.-L. von Franz: »C.G. Jung, Sein Mythos in unserer Zeit«, S. 59, ist sehr empfehlenswert.

[54] Mysterium Coniunctionis, S. 263

[55] Dionysos: Urbild des unzerstörbaren Lebens. Langen Müller Verlag, München-Wien, 1976, S. 42

[56] J.E. Cirlot: A dictionary of the Symbols. Routledge & Kegan Paul, London 1962, S. 523. Der Text wurde vom Autor übersetzt.

[57] Der Autor hat das Wort Paramedizin vor 15 Jahren kreiert. Am besten umschreibt man das Wort Paramedizin als Medizin des Selbst. Das »Selbst« kann als eine innere Kraft der Heilung betrachtet werden. Aus diesem Grunde befasst sich die Paramedizin auch mit der Jungschen Psychoanalyse, denn diese bewirkt durch die Traumanalyse eine alchemistische (psychische) Umwandlung: mit Hilfe der Chi-Energie und des »Selbst« verwandelt sich das »Nigredo« (Schwärze)

in »Albedo« (Weisse oder Weissung). So entsteht der vollkommene Mensch, der Homo totus. Ferner befasst sich die Paramedizin mit der Bioenergietherapie sowie mit der Akupunktur und der Akupressur.

[58] Die Nemesis der Medizin, Rowohlt Verlag, Reinbek bei Hamburg 1977, S. 76 - 78

[59] Die »Weltwoche«, Nr. 47, 23. November 1977, siehe auch Prof. L.S. Dereskey: Medikamente, die helfen, die nichts nützen, die töten. Ariston Verlag, Genf, 1983

[60] Zahl und Zeit, S. 13

[61] Acupuncture, the ancient Chinese Art of Healing, S. 232. Der Text wurde vom Autor übersetzt.

[62] John Fuller, Arigo: Surgeon with the Rusty Knife. Thomas Y. Cromwell Co., New York, 1974

[63] von C.G. Jung zitiert in Mysterium Coniunctionis, S. 255

[64] Mysterium Coniunctionis, S. 316

[65] Mysterium Coniunctionis, S. 317

[66] Mysterium Coniunctionis, S. 267

[67] Zahl und Zeit, S. 247

[68] Diese Ausdrücke sind in Mysterium Coniunctionis zu finden, z.B. in Bd. II., S. 263, S. 251, S. 245, S. 325

[69] Mysterium Coniunctionis, S. 273-274

[70] Der Ewige Jüngling (Der puer aeternus und der Kreative Genius im Erwachsenen). Kösel Verlag, München 1987, S. 9

[71] Alexander Lowen schrieb als einer der ersten ein Buch über die Bioenergie. (Titel: Bio-Energetik, Scherz Verlag Bern, München, Wien 1975). Die daraus resultierende Alexander-Technik und Anwen-

dung hat viele Anhänger gefunden. Für mich ist die Bioenergie der Inbegriff des Heilungsprozesses. Sie stammt von der Selbstrealisation und hat transzendente Verwurzelungen. Jung äusserte oft das Konzept von »Unus mundus«, durch das die bioenergetische Welt verstanden werden kann. Die Energie des Selbst ist der Kern unserer Persönlichkeit. Demzufolge ist sie mehr kosmisch als geistig. Diese Vitalkraft arbeitet in unserer Dimension. Sie ist immer mit unserem physischen und psychischen Körper in Berührung.

[72] Orientalische Massage und Vitalenergie, S. 161
[73] Blick nach drüben: Selbsterfahrungen im Sterben. Gütersloher Verlagshaus Gerd Mohn, 1977, S.69
[74] Schweizerische Ärzte-Zeitung vom 10. Mai 1989
[75] Das Tao der Physik, Scherz Verlag 1984, S. 306-307

BIBLIOGRAPHIE

F. Capra. The Tao of Physics, Bantam Book, Inc., New York, 1977. Deutsche Ausgabe: Das Tao der Physik, Scherz Verlag, Bern, München, Wien, 1984.

J.V. Cerney. Acupuncture without Needles, ed. Parker Publishing Company, Inc., New York, l974. Deutsche Ausgabe: Akupunktur ohne Nadeln, Hermann Bauer Verlag, Freiburg i.B., 1975.

L.S. Dereskey. Medikamente, die helfen, die nichts nützen, die töten, Ariston Verlag, Genf, 1983.

Marie-Louise, von Franz. Psyche und Materie, Daimon Verlag, Einsiedeln, 1988.

– C.G. Jung, Sein Mythos in unserer Zeit, Hübner Verlag, Frauenfeld und Stuttgart, 1972.

– Zahl und Zeit, Psychologische Überlegungen zu einer Annäherung von Tiefenpsychologie und Physik, Klett-Cotta Verlag, Stuttgart, 1990.

– Der Ewige Jüngling, (Der Puer aeternus und der kreative Genius im Erwachsenen), Kösel Verlag, München, 1987.

J.G. Fuller. Arigo: Surgeon of the Rusty Knife, Thomas Y. Cromwell Co., New York, 1974.

Ivan, Illich. Medical Nemesis, The Expropriation of Health, Bantam Books, Inc., New York, 1976. Deutsche Ausgabe: Die Nemesis der Medizin, Rowohlt Verlag, Reinbek bei Hamburg, 1977.

Carl Gustav, Jung. Gesammelte Werke (G.W.), Bd. 12, Psychologie und Alchemie, Walter Verlag, Olten.

– G.W., Bd. 13, Studien über alchemistische Vorstellungen, Walter Verlag, Olten.

– G.W., Bd. 14, Mysterium Coniunctionis, Walter Verlag, Olten.

– G.W., Bd. 8, Dynamik des Unbewussten, Walter Verlag, Olten.

– G.W., Bd. 11, Psychologie westlicher und östlicher Religion, Walter Verlag, Olten.

– G.W., Bd. 9, Aion, Walter Verlag, Olten.

– Briefe II (1946 - 1955), Walter Verlag, Olten.

- Briefe III (1956 - 1961), Walter Verlag, Olten.

C. Kerény. Dionysos, Urbild des unzerstörbaren Lebens, Langen Müller Verlag, München-Wien, 1976.

S. Krippner und D. Rubin. Lichtbilder der Seele, Scherz Verlag, Bern-München, 1974.

J. Lavier. Histoire, doctrine et pratique de l'acupuncture chinoise, Claude Tchou, Paris, 1966.

- Bio-energetique chinoise, Maloine SA, Paris, 1976.

A. Lowen. Bio-Energetik, Scherz Verlag, Bern-München-Wien, 1975.

F. Mann. Acupuncture: The Ancien Chinese Art of Healing, Random House Inc., New York, 1972.

S. Ostrander and L. Schroeder. Psychic discoveries behind the Iron Curtain, Englewood Cliffs, New York, 1970. Deutsche Ausgabe: Psi-Training, Scherz Verlag, Bern-München, 1982.

Teilhard de Chardin. The Phenomenon of Man, Fountain Books, London, 1977. Deutsche Ausgabe: Der Mensch im Kosmos, Deutsches Taschenbuch Verlag, München, 1981.

Ilza, Veith. Huang Ti nei ching su Wên (The Yellow Emperor's Classic of Internal Medicine), University of California Press, 1972.

C.A. Wickland. 30 years among the dead, California 1974.

E. Wiesenhütter. Blick nach drüben, Güterloh, 1976.